As Bênçãos do Outro Lado

SYLVIA
BROWNE

com Lindsay Harrison

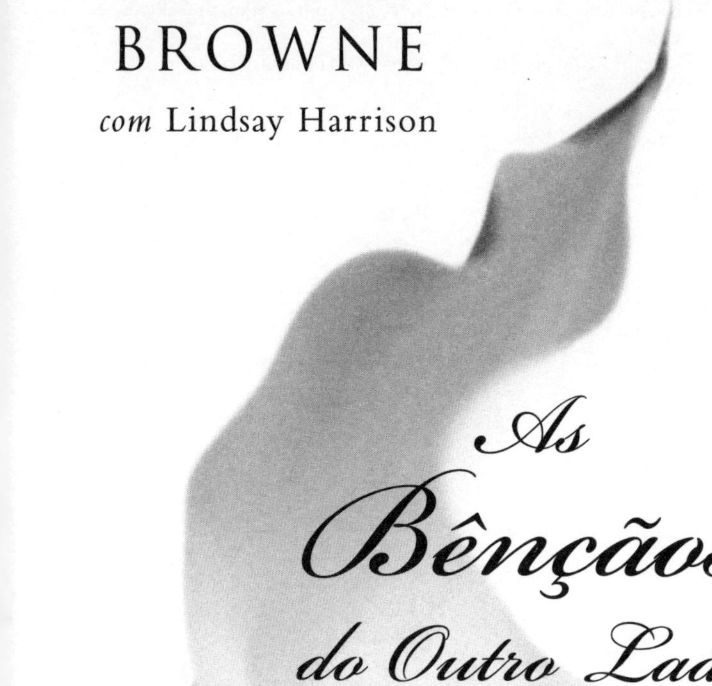

As Bênçãos do Outro Lado

SEXTANTE

Publicado originalmente nos Estados Unidos com o título: *Blessings from the Other Side* by Sylvia Browne with Lindsay Harrison.

tradução
Simone Lemberg Reisner

preparo de originais
Regina da Veiga Pereira

revisão
Antonio dos Prazeres
Sérgio Bellinello Soares

capa
Silvana Mattievich

projeto gráfico e diagramação
Marcia Raed

fotolitos
R.R. Donnelley América Latina

impressão e acabamento
Yangraf Gráfica e Editora

CIP-BRASIL. CATALOGAÇÃO-NA-FONTE
SINDICATO NACIONAL DOS EDITORES DE LIVROS, RJ.

B898b Browne, Sylvia
As bênçãos do outro lado
/ Sylvia Browne e Lindsay Harrison ; tradução de Simone Lemberg Reisner. – Rio de Janeiro : Sextante, 2003

Tradução de: Blessings from the other side
ISBN 85-7542-079-8

1. Vida eterna. 2. Espiritismo.
I. Harrison, Lindsay. II. Título.

03-1545. CDD 133.9
CDU 133.9

Editora Sextante (GMT Editores Ltda.)
Rua Voluntários da Pátria, 45 – Gr. 1.404 – Botafogo
22270-000 – Rio de Janeiro – RJ
Tel.: (21) 2286-9944 – Fax: (21) 2286-9244
Central de Atendimento: 0800-22-6306
E-mail: atendimento@esextante.com.br
www.sextante.com.br

de Sylvia:

Especialmente para meus dois filhos, Chris e Paul, que,
sendo pais maravilhosos, me prestam a maior
homenagem que uma mãe poderia receber.

de Lyndsay:

Para meu pai, que por certo está me observando
e a quem estou devendo uma dança.
E para minha mãe, que sempre será minha grande heroína.

Sumário

Agradecimentos

Do fundo do meu coração, quero agradecer
a cada cliente com quem conversei em todos esses anos,
cada telespectador, cada ouvinte, cada pessoa que
me escreveu pedindo ajuda, conselhos ou uma
simples palavra de conforto quando a esperança
parecia se esgotar. Posso não me lembrar de seus nomes,
mas jamais me esquecerei de tudo o que me ensinaram,
do quanto minha vida se enriqueceu no instante
em que me convidaram a entrar em suas vidas.
Vocês estão em minhas preces e em meu coração.

SYLVIA

Introdução

Não há dúvida de que sou uma pessoa abençoada. Apesar dos inevitáveis tropeços e sofrimentos, amo a minha vida. Amo o meu trabalho. E o melhor de tudo é que não há nada a separar esses dois lados. Cada um de meus dias é preenchido por filhos e netos, pela minha crescente coleção de animais de estimação, por meus auxiliares e ministros que fazem parte de minha família, como se tivéssemos o mesmo sangue, por meus muito queridos amigos, pelos clientes que logo parecem velhos amigos, pelas viagens acompanhada de pessoas a quem amo, pelas freqüentes aparições em programas de televisão com meu melhor amigo, Montel Williams, e outras pessoas brilhantes e, é claro, por meus escritos, que têm sido uma de minhas grandes paixões desde os tempos de criança.

Mas nenhuma experiência me dá tanto prazer quanto as minhas palestras. Pode parecer incrível, mas eu me sinto íntima daquelas três ou quatro mil pessoas que me ouvem. A intimidade vem do fato de que cada platéia, seja em que cidade for, cria uma atmosfera própria, única e pessoal. Por isso, ainda que eu muitas vezes diga as mesmas coisas, a interação com aquele grupo específico de pessoas faz com que cada palestra acabe se tornando uma experiência nova para mim e para aqueles que me assistem. Eu olho a platéia não como uma multidão de estranhos, mas como rostos únicos, abertos, sinceros e expressivos, pessoas que vieram em busca de uma resposta ou um consolo e que acabam se tornando familiares quando as horas que passamos juntos chegam ao fim. A intimidade vem da visão de legiões de Guias Espirituais, Anjos e entes queridos que partiram e que, invariavelmente, acompanham cada uma das pessoas naquela sala, ansiosos pela oportunidade de se fazerem notar. A intimidade vem do silêncio da meditação, dos risos causados por uma atitude inesperada, das lágrimas de conforto por uma resposta aguardada há muito tempo e por compartilharmos juntos cada uma dessas surpresas. Ela vem do fato de que recebo de volta cada gota de amor e energia que ofereço, fazendo com que, ao final de cada palestra, eu tenha recebido a dádiva de me sentir mais forte, mais saudável e mais poderosa do que quando a iniciei.

A intimidade resulta da mágica sagrada que acontece sempre que, numa mesma sala, muitas pessoas se reúnem porque amam a Deus e querem sentir-se ainda mais próximas Dele.

Os capítulos deste livro foram selecionados para abordar os vários tópicos que me dão prazer discutir em meus ciclos de palestras, trazendo também alguns de meus exercícios e afirmações favoritos. Acredito piamente que oferecer ao próximo idéias sobre as quais refletir e conversar com os amigos e entes queridos é apenas metade do objetivo do meu trabalho. Se eu não oferecer também caminhos sobre o que *fazer* com tais idéias, terei enganado você e a mim mesma. Acredito que *fé, amor, esperança* e *espiritualidade* são, na verdade, verbos, e não substantivos. Eles nada significam se não forem ativos, se permanecerem interiorizados sem jamais afetar a maneira como você encara o mundo em geral, como você se relaciona com aqueles espíritos cujas vidas você toca todos os dias e, acima de tudo, com seu próprio eu e com a chama sagrada de Deus que habita o seu interior.

Espero que estas páginas lhe tragam aquilo de que você mais precisa nesse momento, seja consolo, um sorriso, uma nova forma de encarar um problema ou apenas uma boa razão para recolher-se por alguns instantes num lugar tranqüilo onde possa encontrar a pessoa mais importante de sua vida: você!

Não há uma seqüência obrigatória, por isso leia de acordo com o tema que mais lhe atrair ou de que você esteja precisando no momento.

Até que futuras viagens façam cruzar nossos caminhos, saiba do meu amor por você, do meu agradecimento por essa vida tão fecunda que você me ofertou. Desejo que você tenha a permanente consciência do quanto é profundo e eterno o amor que Deus lhe dedica.

SYLVIA C. BROWNE

EXERCÍCIOS

Por todo este livro você irá encontrar passagens escritas em itálico, que descrevem exercícios que considero úteis para as questões tratadas em cada capítulo. Alguns deles são simples conselhos, mas a maioria pode ser mais bem descrita como "meditações".

Na verdade, não gosto muito de usar a palavra "meditação". Porque, para várias pessoas, esta palavra evoca um processo extremamente complexo e demorado, que as faz desistir antes de começar. Gostaria então de derrubar alguns mitos sobre a meditação, para ajudar você a praticá-la com gosto e descobrir seus imensos benefícios.

Não é necessário comprar nada especial. Velas, por exemplo, são ótimas e eu adoro a atmosfera calma que elas propiciam, mas não são necessárias. Tudo o que você precisa para meditar é *a sua pessoa*.

Não é preciso sentar com as pernas cruzadas para meditar. Não é preciso sentar no chão se não for do seu agrado. Já vi pessoas desistirem de meditar antes mesmo de terem começado porque só conseguiam pensar no desconforto físico que iriam sentir. Sente-se numa posição confortável. A única coisa necessária é manter a coluna ereta e os dois pés plantados no chão, para deixar a energia fluir.

Também não é preciso seguir instruções tão comuns como "deixe a sua mente vazia". De jeito nenhum! Se você é como eu, a ordem de esvaziar a mente é a melhor maneira de fazer com que ela se encha de bobagens que variam entre preocupar-se se será ou não necessário abastecer o carro antes de ir para casa, até imaginar se você é a única pessoa na sala incapaz de esvaziar a mente. Também não é preciso "olhar fixamente para um ponto na parede até que seus olhos se fixem no nada". Já tentei isso inúmeras vezes quando comecei a estudar técnicas de meditação e tudo o que meus olhos conseguiam perceber era que um quadro estava ligeiramente torto ou que a parede bem que merecia uma nova pintura.

Não é preciso selecionar determinada noite, nem mesmo uma hora certa, para alcançar uma experiência maravilhosa de meditação. Utilize qualquer tempo, longo ou curto, que esteja ao seu alcance e jamais acredite que, se não demorar bastante, não alcançará resultados.

Livre então sua mente de quaisquer idéias preconcebidas. Tudo o que é necessário é a sua capacidade de visualização. Se você acha que não tem essa capacidade, faça uma pausa agora mesmo e veja se consegue traçar mentalmente o caminho que costuma fazer de casa para o trabalho, o supermercado, seu restaurante favorito ou a casa de amigos. Se conseguir, é sinal de que você é perfeitamente capaz de utilizar com sucesso os exercícios aqui descritos. É só isso.

O que vou descrever é o método que considero mais fácil e agradável de preparação para os exercícios ou meditações. À medida que for fazendo essa preparação, não se preocupe se houver momentos em que achar que está apenas se deixando levar pelo processo, sem sentir o que "deveria" estar sentindo. Não existe uma maneira certa de sentir. Não existe o "errado" e certamente não há nada de errado com você. Sinta o que sentir. Provavelmente você vai experimentar algo diferente cada vez que repetir a experiência. Algumas vezes, sua mente consciente ouvirá as palavras sem absorvê-las. Repito: *nada está errado* e não é necessário parar ou desistir. A sua mente espiritual, viva e ativa em seu subconsciente, não apenas absorve as palavras, mas vibra de alegria ao perceber que você está tomando contato com ela e se preparando para levá-la a fazer um passeio maravilhoso e alentador.

Para facilitar ainda mais os exercícios, você pode gravar uma fita de áudio com a preparação que se segue e depois acrescentar as meditações que irá encontrar à medida que for lendo o livro. Tudo o que peço é que você faça tudo o que for necessário para tornar essa experiência relaxante, confortável e, acima de tudo, *pessoal.*

Lembre-se, rezar é pedir a Deus, e meditar é ouvir a resposta. Por isso relaxe, feche os olhos e tenha prazer em ouvir.

Sente-se numa poltrona confortável, com a sola dos pés sobre o chão e as costas apoiadas no encosto. Afrouxe qualquer roupa que possa estar apertada e tire os sapatos caso se sinta mais confortável. Descanse as mãos com suavidade sobre as coxas, com as palmas para cima, simbolicamente abertas para receber a graça e a sabedoria de Deus.

Imagine um calor branco e brilhante formando-se ao seu redor, derramando-se sobre você como uma aura poderosa, viva, vibrante. Esta é a luz branca do Espírito Santo, absorvendo e destruindo toda a negatividade e toda a escuridão que você tem carregado. Essa luz branca e sagrada é a sua proteção constante e está sempre ao seu alcance, basta você querer.

Agora, feche os olhos e respire bem fundo, lentamente, dando um aviso para seu corpo começar a relaxar. Aos poucos, comece a respirar normalmente, num mesmo ritmo, como se fosse dormir, e peça à sua mente que se una às suas emoções e que ambas permaneçam assim durante a jornada que você está prestes a iniciar, para que essa jornada permaneça em sua mente e em seu coração nos dias e semanas seguintes.

Quero que você tome consciência das plantas dos pés tocando o chão. Concentre-se nelas até tomar total consciência de sua presença, como se nesse momento elas fossem a parte mais importante de seu corpo. Ainda respirando normalmente, no mesmo ritmo, sem pressa, sinta seus pés começando a relaxar, cada músculo se soltando, quase derretendo, até se transformar num fio de seda.

Usando esse mesmo processo de concentrar e relaxar, faça com que essa mesma sensação deliciosa e reconfortante mova-se lentamente para seus tornozelos, panturrilhas, joelhos, coxas. Em silêncio, diga para si: "Cada vez que respiro, sinto meu estresse se dissolver e, em seu lugar, sinto a presença da energia, da cura e do poder do meu espírito."

Continue fazendo esse maravilhoso relaxamento subir pelo seu corpo, chegando até a pélvis, os órgãos reprodutores, os intestinos, seguindo até o tronco, dirigindo-se para cada órgão, veia, artéria, músculo e tendão. Continue fazendo-o subir até o pescoço, chegar aos ombros, acalmando, aliviando, serenando, curando. Descendo pelos braços, antebraços, mãos, dedos, um de cada vez, completamente relaxados, dissolvendo o estresse, substituindo-o por energia e pelo poder divino de seu espírito.

Suba até o rosto. Sua boca se relaxa, assim como seus olhos fechados, as sobrancelhas, as pálpebras, e o estresse é mandado embora. Afaste a ansiedade, afaste o medo, afaste a negatividade.

Você agora está em paz, em total relaxamento e paz, saudável, forte, abrindo-se para receber todos os bens. A luz branca do Espírito Santo que envolve seu corpo está mais brilhante. Você pode agora ouvir as respostas de Deus, todo o seu ser está preparado para os exercícios que libertarão o seu espírito para ouvir e voar sem medo por esses lampejos da sagrada eternidade.

AS AFIRMAÇÕES

Cada capítulo termina com uma afirmação. A afirmação é uma mensagem positiva, fortalecedora e verdadeira que você envia para o Deus que habita o seu interior. Vença qualquer resistência a fazer essas afirmações, pois elas são extremamente benéficas. Repita-as uma ou quantas vezes quiser, em voz alta ou em silêncio, a sós, no banheiro, no automóvel, no escritório, fazendo compras, numa festa, sempre que tiver vontade de se lembrar que não irá mais tolerar a negatividade, o desrespeito ou a falta de integridade em você ou em qualquer outra pessoa, pois, como descendentes diretos de Deus, somos todos divinos.

CAPÍTULO 1

Luto: superando a dor da perda

Várias vezes as pessoas me perguntam: "Sylvia, se você está tão convencida de que nunca morremos, se pode ver e ouvir os espíritos do Outro Lado, por que lamenta e sofre a morte de alguém?" A resposta é: "Porque sou um ser humano e estou *aqui.*"

O luto é a dor suprema, o sofrimento mais desesperançado e impotente, um sentimento que entorpece e paralisa. Quando estamos sob seu cruel domínio, nós nos dispomos a dar tudo – *qualquer coisa* – para fazê-lo ir embora, para que tudo volte a ser exatamente como era antes dessa terrível escuridão, quando tínhamos problemas que podíamos resolver e opções que dependiam de nossa vontade.

Eu já passei por isso. Você também já passou. Todos sobre a Terra já passaram, o que torna difícil entender por que não temos mais compaixão uns com os outros. O luto é um sentimento terrivelmente familiar, pois é uma dor inevitável que nosso espírito carrega desde o instante em que se aloja no útero.

LUTO EM NOSSA CHEGADA AO MUNDO

Com a rara exceção daqueles que optam por passar uma única existência aqui, nossos espíritos insistem em repetir a viagem de ida e volta ao Outro Lado – o Lar – muitas e muitas vezes no correr da eternidade, buscando alcançar uma realização espiritual cada vez maior.

A nossa vida no Lar é movimentada, estimulante, eufórica, cercada por extrema beleza, amigos, almas gêmeas e anjos diante da majestosa e palpável presença de Deus. É preciso muita coragem e uma enorme consciência para sermos capazes de concluir que precisamos dos árduos desafios que somente a vida na Terra pode nos oferecer e decidirmos trocar um paraíso de amor incondicional por um lugar onde o amor duradouro e verdadeiro é algo raro de se encontrar. No Outro Lado, compreendemos que a eternidade elimina o conceito de tempo, e por isso, quando deixamos o Lar, sabemos que estaremos de volta num piscar de olhos. Mas na Terra, onde medimos nossas vidas por dias, semanas, meses e anos, esse "piscar de olhos" parece uma eternidade ou até, em nossos momentos mais sofridos, torna-se sinônimo de *nunca*.

Assim, quando nossos espíritos chegam ao útero para mais um período de ausência do Outro Lado, embora seja exatamente o que escolhemos para alcançar nossos importantes objetivos, perdemos o senso de ausência de tempo e nascemos de luto pela separação de nossos entes queridos que ficaram no Lar, da mesma maneira que choramos na Terra quando nos separamos de alguém que retorna ao Lar. Por isso, de certa maneira, nós nascemos de luto, o que faz com que essa emoção, sempre que acontece, nos pareça familiar.

O LUTO CONTINUA

Uma das clientes mais angustiadas que recebi em meu consultório teve a vida virada de cabeça para baixo em menos de uma semana. Numa manhã de terça-feira, ela havia sido demitida do emprego, onde exercia um cargo de grande importância e ao qual dedicara mais de uma década de sua vida. No sábado seguinte, seu marido, com quem estava casada há dezesseis anos, saiu de casa e trocou-a por sua melhor amiga. Ela não veio me procurar para ouvir o que já lhe diziam suas bem-intencionadas amigas: que seu marido não passava de um oportunista cujo amor estava condicionado ao prestígio que a carreira da esposa oferecia. (Era verdade, mas esse não era o momento de dizer isso.) Ela não me procurara para que eu lhe desse a certeza de que o caso entre o marido e a melhor amiga não iria durar muito. (O que, aliás, também era verdade. Menos de um ano depois, ele já estava traindo a amiga e, dois anos mais tarde, implorava à minha cliente que o recebesse de volta. Ela respondeu com firmeza e naturalidade: "Obrigada, mas não estou interessada.") E ela não estava ali para que eu confirmasse que sua carreira não apenas sobreviveria àquela arbitrariedade, mas floresceria, o que também era verdade. Aquela mulher estava ali para que eu a ajudasse a se recuperar emocionalmente dos dois choques que sofrera. Vários meses haviam transcorrido, mas uma parte da tristeza que já deveria ter ido embora permanecia. Isso aconteceu há alguns anos, mas ainda a ouço dizendo: "Eu devia estar melhor agora, Sylvia. Afinal, ninguém morreu."

Essa mulher é o exemplo perfeito do fato de que um luto profundo e legítimo não se limita apenas à morte de um ente querido, e de que somos injustos com nós mesmos e com os outros quando deixamos de reconhecer isso e de buscar ou oferecer o apoio todo especial que o luto exige. Um relacionamento desfeito, um lar destruído física ou emocionalmente, a perda de um emprego do qual gostamos ou precisamos, a traição de uma pessoa em quem confiamos, os filhos que "saem do ninho", a mudança de um grande amigo para um lugar distante, uma separação, um divórcio, um grande problema financeiro, uma mudança indesejada – qualquer perda de alguém ou de algo que tem enorme importância para nós e que traz alterações profundas à estrutura e serenidade da nossa vida pode despertar um luto tão profundo quanto o da morte.

Não estou falando daquelas pessoas que todos nós conhecemos, que vivem se lastimando e fazem drama de tudo para chamar a atenção. Estou falando sobre a solidariedade indispensável ante o sofrimento, para ser capaz de respeitar a enormidade do luto quando ele nos atinge ou quando atinge o outro e para saber agir com compaixão, mesmo que não haja nenhuma morte envolvida na situação.

QUANDO UM ENTE QUERIDO ESTÁ ATORMENTADO PELO LUTO

É extremamente difícil lidar com o luto daqueles a quem amamos. Pode ser mais difícil assistir à dor do outro do que sofrer a própria dor, pois, quando ela nos pertence, pelo menos podemos tomar decisões, lutar contra o sofrimento e alcançar alguma sensação de controle, ainda que sutil. É quase inevitável nos depararmos com o luto de um ente querido e experimentarmos a sensação de não saber o que fazer. Nesses momentos, é fundamental manifestar nossa solidariedade, estando ao lado de quem está sofrendo. Existem várias maneiras de se fazer isso que valem a pena ser lembradas.

Uma pessoa enlutada continua a viver o seu dia-a-dia levada somente pelo instinto da sobrevivência. Tomar conta do que é básico para a vida dessa pessoa – ir ao mercado, fazer compras, levar as crianças para passear, arrumar a casa, mandar a roupa para lavar, estar disponível para o que for necessário, discretamente, sem se impor e sem fazer muitas perguntas – pode constituir um enorme apoio até que ela vá se recuperando e consiga fazer isso sozinha.

Não decida quais são as necessidades emocionais de quem está sofrendo. Observe sinais de comportamento para tirar alguma conclusão. Ouça o que a pessoa tem a dizer, fique em silêncio quando ela não quiser falar, abrace-a quando ela quiser ser abraçada e deixe-a sozinha quando ela achar que a solidão pode tornar a dor mais tolerável. Dizer que "falar sobre o assunto vai lhe ajudar" ou que "sair e reencontrar as pessoas vai lhe fazer bem" pode ser válido para alguns e completamente inadequado para outros. Mas não cabe a você tomar uma decisão e sim mostrar-se à disposição para ajudar e apoiar o que a *pessoa* sentir que precisa fazer.

Não tente ajudar a pessoa enlutada minimizando a perda. Este não é o momento de lembrá-la das antigas reclamações e frustrações em relação à pessoa/ animal de estimação/ relacionamento/ casa/ emprego/ que ela acabou de perder. Você não pode esperar que, de uma hora para outra, ela passe da dor mais profunda a algo como: "Tem razão, ainda bem que me livrei do problema!" Essa atitude é falsa, pois o luto é um processo e não um estado de espírito temporário e todos precisam passar por ele da sua maneira, em seu próprio ritmo.

Da mesma forma, não tente desviar a atenção da dor pela qual seu ente querido está passando descrevendo a sua própria história de luto. Como já contei em minhas palestras e em outros livros, há alguns anos perdi nove pessoas próximas a mim num período de apenas três meses, inclusive meu pai, que eu simplesmente adorava. Fiquei tão entorpecida pelo choque e pela angústia, que mal consigo me lembrar daquele período tão sombrio. Mas não me esqueço de uma estranha mulher que, no culto em memória de meu pai, aproximou-se de mim, bateu em minhas costas e disse: "Isso não é nada, minha cara. Uma vez perdi meu pai, minha mãe e meu único irmão num acidente de ônibus." Lembro-me também da vontade que tive de estrangulá-la. Tenho certeza de que sua intenção era demonstrar que, se ela pôde sobreviver a tudo aquilo, eu também poderia. Mas, ainda que seja apenas força de expressão, ninguém que esteja emocionalmente abalado gosta de ouvir algo como "isso não é nada".

A proximidade com o luto pode nos causar estranhas reações. Além da dor de presenciar o sofrimento de alguém a quem amamos, consciente ou inconscientemente somos lembrados do luto pelo qual nós também iremos passar. O temor de que "a próxima vez pode ser comigo" é, ao mesmo tempo, natural e assustador. Se você for capaz de superar esse medo e oferecer seu apoio, na esperança de que, quando a sua vez chegar, as pessoas façam o mesmo por você, ótimo. Mas se não for capaz disso, se a dor do outro lhe trouxer tamanho desconforto, tristeza ou pânico que você não consiga se controlar, faça algum gesto que demonstre sua total solidariedade – mande flores, um cartão, telegrama – e mantenha distância. Poucas situações podem ser piores do que obrigar um ente querido a nos consolar no momento em que está sofrendo.

Se achar que seu ente querido necessita ou deseja obter algum tipo de ajuda especializada – um padre, um rabino, um médico, um conselheiro, um psicólogo, um psiquiatra, um grupo de apoio –, informe-se sobre profissionais competentes antes de mencionar o assunto. Lembre-se que você está lidando com alguém que age por puro instinto de sobrevivência e que realiza as funções básicas da vida por mera repetição. Sugerir que "você precisa da ajuda de um profissional" é muito vago e pouco eficiente. Mas se você disser: "Aqui está uma lista com nomes e números de telefone de algumas pessoas que podem ajudar você", estará facilitando a tomada de uma atitude prática. Deixe que a pessoa decida, não você. Acredite nas palavras de alguém que trabalha com clientes enlutados há quase meio século: é comum que as pessoas se mostrem relutantes ou céticas, e que seja preciso levá-las pela mão até quem possa lhes dar apoio, mas elas só conseguirão uma ajuda significativa se entrarem na sala por vontade própria.

Não há a menor dúvida. Partilhar o luto de alguém a quem amamos não é nada fácil. Infelizmente, este é um desafio com o qual algum dia teremos que nos deparar. Mais triste ainda é o fato de que, cedo ou tarde, seremos nós os enlutados, e tenho certeza de que aqueles que passaram por isso irão concordar comigo: é o mais terrível dos desafios.

SOBREVIVENDO AO PRÓPRIO LUTO

Como já disse, existem pessoas que estranham o fato de eu também sofrer a dor de uma perda, pois esperavam que meu desenvolvimento espiritual e mediúnico me tivesse ensinado a ser diferente. Pensam talvez que o meu luto signifique um questionamento da realidade do Outro Lado e da vida eterna de nossos espíritos. De jeito nenhum! Eu não apenas acredito, eu *sei* que essas são verdades sagradas. Mesmo no auge da minha dor, minha fervorosa espiritualidade não se deixa abalar nem por um segundo. Quanto aos meus dons mediúnicos, é fato que vi e ouvi milhares de espíritos e anjos durante minha existência e que continuarei a vê-los e ouvi-los até o dia do meu retorno ao Lar, quando voltarei a viver junto a eles. Fiz incontáveis viagens astrais ao Outro Lado e ajudei inúmeros clientes a viajarem até lá. Por isso, posso garantir que o Outro Lado é tão ou mais real do que esta Terra que hoje visitamos.

Não se engane. Quando sofro o meu luto, não há um só instante em que eu chore pelo ente querido que perdi. Choro por *mim mesma.* Choro porque sinto falta do meu pai, de minha avó Ada, de meus queridos amigos, e que, apesar de todas as inegáveis provas de que continuam vivos, quero tê-los aqui, ao meu lado. Embora apenas noventa centímetros nos separem do Lar, como veremos no capítulo "Entrando em contato com o Outro Lado", a Terra e o Lar são duas dimensões distintas, com diferentes níveis de vibração, sendo que o do Lar é muito mais alto. Assim como muitos outros médiuns, nasci com a habilidade de perceber essa vibração mais elevada. Posso ver e ouvir tanto espíritos que se encontram nos outros níveis quanto aqueles que deixaram o nosso nível mas ainda não completaram a transição até o Outro Lado. Não sei o número exato, mas posso calcular sem erro que já vi e me comuniquei com centenas de milhares de espíritos nos meus sessenta e quatro anos desta vida.

Eu tenho certeza de que nossos entes queridos ainda estão vivos e felizes, mas o que me faz sofrer é a diferença entre as duas dimensões. Os espíritos que vejo não têm corpos densos e submetidos à gravidade como aqueles em que habitamos quando vivemos na Terra e suas vozes manifestam-se através de breves e agudos sons, pois as palavras são distorcidas pela transição entre os dois níveis gravitacionais. Sinto-me abençoada por ter visto e ouvido meu pai várias vezes depois que ele foi para o Lar. Regozijo-me com cada sinal que ele me envia – as inconfundíveis e eventuais baforadas de seu cachimbo com aroma de cereja, o som da caixinha de música que ganhei dele e na qual não dou corda há pelo menos vinte anos. Mas eu estaria mentindo se dissesse que isso é capaz de substituir o meu desejo de vê-lo entrar agora mesmo nesta sala, colocar seus braços fortes ao meu redor e, com sua voz de barítono, me fazer rir como só ele era capaz. Pode ser talvez uma atitude de egoísmo e ingratidão de minha parte, mas sofro porque ele está do Outro Lado, feliz e saudável, sem sentir a minha falta, sabendo que num espaço de um ou dois minutos – dentro de sua concepção de tempo – vamos nos reencontrar, enquanto eu estou presa aqui, cumprindo a minha missão, tentando viver da melhor maneira possível os trinta longos anos que ainda me restam até que possamos estar juntos outra vez na mesma dimensão. Mas o que posso fazer? Sou um mero ser humano vulnerável às perdas.

Acontece comigo uma coisa que me fascina: sempre que estou escrevendo sobre determinado assunto, recebo clientes que trazem histórias relacionadas ao tema de que estou tratando. Quando me preparava para escrever este capítulo, conversei com duas famílias enlutadas que tinham belas histórias para contar, principalmente porque as pessoas envolvidas não se consideravam em nada excepcionais e porque os dois acontecimentos envolviam crianças.

William e sua filha participaram comigo de uma gravação do famoso programa de televisão *The Montel Williams Show*. Amy tivera uma irmã gêmea que, aos três anos de idade, apareceu com um tumor cerebral. Ela morreu aos seis anos, e Amy, agora já moça, contou que tinha recebido várias visitas do espírito da irmã. Fiquei ainda mais impressionada com o fato de que, apesar de ser uma experiência rara, o pai também testemunhara o acontecimento. William era um homem gentil, modesto, de fala mansa, uma pessoa que certamente não inventaria uma história só para aparecer na televisão, e que, além do mais, temia que eu duvidasse de sua sanidade mental. William estava sozinho com sua filha de seis anos, ao lado da cama de hospital, quando a menina "morreu" e ele foi abençoado com a visão de seu espírito, uma inconfundível névoa saindo daquele pequenino corpo. Lembro-me que ele disse que, quando olhou novamente o corpo da menina, sabia que ele estava desocupado, como se fosse um mero veículo utilizado por ela durante sua breve permanência na Terra. William não vinha em busca de uma confirmação de que vira mesmo a menina. Na verdade, ele não perguntou nada. Era apenas um homem encantador que queria nos dar a alegre notícia de que sua filha não estava morta. Com seus próprios olhos, ele vira a menina viva. Quinze anos depois, sua voz ainda manifestava um misto de alegria e dor quando contava sua história. Dor pela filha depois daquele lindo milagre? De jeito nenhum!

Fiquei também muito emocionada com o relato de Alexis, uma mulher de trinta e poucos anos, sóbria e elegante. Seu filho de quatro anos, Ethan, falecera havia poucas semanas, depois de uma luta corajosa contra a leucemia. Em seus últimos instantes de vida, ele olhou para a mãe com absoluta paz, e disse: "Eu vou morrer, mamãe. Não faz mal. Eu prometi a Deus." No enterro do menino, Alexis sentia-se paralisada pelo choque, e ficou imaginando como seria possível viver sem o filho que lhe trouxera tanto amor e novas metas de vida, até que, de repente, ouviu a voz do filho sussurrando em seu ouvido de maneira clara e divertida: "Mamãe, eu vou beijar o seu nariz." Naquele instante, Alexis sentiu um leve sopro gelado na ponta do nariz, exatamente no lugar em que se beijavam na hora de dormir. Foi tão real que ela perdeu o fôlego e depois sorriu, tomada de imensa alegria. Quando quis dividir com seus amigos e com o sacerdote aquele maravilhoso momento, eles a ouviram com paciência e compaixão, afirmando que a dor da perda pode provocar alucinações, mas que não havia nada de mal em acreditar naquela história, se isso lhe trazia consolo. "Sylvia, a dor que eu sentia era muito profunda", disse-me ela, "mas eu não estava fora de mim. Aconteceu mesmo. Ethan falou comigo e me beijou. O que não consigo entender é que todos aqueles que se mostraram céticos dizem acreditar na vida após a morte. Ethan me ofereceu uma prova de que isso é real. Como essas pessoas podem afirmar que apenas imaginei um sinal de que aquilo em que elas acreditam é verdade?"

Esta é uma pergunta que me fiz inúmeras vezes. Por que acreditar em algo tão reconfortante como o fato de que nossos espíritos possuem vida eterna e, ao mesmo tempo, zombar de todas as provas que estão ao nosso redor? O luto já é doloroso demais quando imaginamos nossas vidas sem a presença física daqueles a quem amamos. Se eu não tivesse certeza de que nossos entes queridos estão tão vivos quanto nós mesmos – na verdade, *mais* vivos – e que se encontram todo o tempo ao nosso lado, acho que a perda de qualquer um deles me deixaria arrasada para sempre.

Esses dois casos me fazem lembrar de uma outra questão que aparece com freqüência e que *sou capaz* de responder: "Por que Deus permitiu a morte dessa criança inocente (ou dessa pessoa tão generosa)?" É fácil responder. Ele não permitiu! Um Deus de amor perfeito, incondicional e eterno não se torna mau, vingativo e sádico de repente e resolve nos levar, contra a nossa vontade, como se quisesse se divertir com um cruel passatempo. Não. Tudo o que nos acontece deve-se a uma escolha que *nós* fizemos. Isso mesmo, até as crianças, cujos espíritos no Outro Lado são tão perenes e desenvolvidos quanto os nossos, planejam o tempo e as circunstâncias de sua viagem de volta ao Lar antes de vir para a Terra.

Então, *por favor*, quando estiver vivendo um enorme desespero pela perda de um ente querido, não aumente o seu próprio sofrimento com preocupações sobre o bem-estar da pessoa que se foi. O meu livro *A Vida no Outro Lado* lhe oferece uma detalhada descrição do lugar em que nossos entes queridos se encontram e o que estão fazendo lá. Você verá como todos no Lar estão felizes, em perfeita saúde, ocupados, cercados dos inúmeros amigos de muitas vidas. Eles têm por nós um amor completo e incondicional. Se houve ressentimentos, estão todos esquecidos e compreendidos. Nossos seres queridos nos visitam com freqüência, mesmo que não possamos perceber sua presença, sabem que logo estaremos juntos outra vez e, provavelmente, já estão planejando a festa do reencontro. Garanto que a dor ou preocupação que você sente por causa deles é desnecessária. Fique apenas com a saudade.

Há uma velha crença de que, quando permanecemos no luto, amarramos o espírito da pessoa à Terra e o impedimos de transcender até o lugar que lhe pertence, no Outro Lado. Acredite em mim quando afirmo que isso não é verdade. Como descrevi em *A Vida no Outro Lado*, nossos entes queridos passam por diversos processos de orientação assim que chegam ao Lar, e por isso, em muitos casos, ficam temporariamente incomunicáveis até que todo o processo termine. Um dos terríveis efeitos do luto é que ele nos deixa em tal estado de entorpecimento e dor, que perdemos a capacidade de perceber as visitas de nossos entes queridos e só voltamos a tê-la quando começamos a nos recuperar. Eu pude ver minha adorada avó Ada quase imediatamente após sua morte, mas meu pai demorou oito meses para se manifestar. Conhecendo-me muito bem, ele não se surpreendeu quando o cumprimentei, numa mistura de alívio e impaciência, dizendo: "Puxa vida, por que você demorou tanto?!" Por isso, não se deixe abater se não perceber de imediato os sinais enviados por seus entes queridos. Eles precisam passar pelos processos de orientação, você precisa lidar com a própria dor, mas pode ter certeza de que, cedo ou tarde, eles estarão de novo ao seu lado e tudo o que você precisa fazer é manter a mente aberta e prestar atenção.

VIVENDO A DOR

Gostaria muito de poder lhe oferecer, como faço nos outros capítulos deste livro, algum exercício capaz de fazer diminuir a sua dor ou acelerar sua passagem pelo período de luto. Infelizmente, aprender a sobreviver a essa dor faz parte dos motivos que nos levaram a escolher uma nova experiência sobre a Terra, pois todo o sofrimento nos fortalece e faz crescer. Não existe luto no Outro Lado, por isso a Terra é o único lugar onde podemos enfrentá-lo, crescer com ele e, assim, aumentar nossa sabedoria eterna. Lembre-se, o nosso tempo sobre a Terra é uma escola. O luto é o curso mais difícil no qual nos inscrevemos. Para passar nesse curso, temos que sobreviver à dor. Aqui vão algumas sugestões que, espero, irão ajudar você a ultrapassar sua dor:

Como já disse anteriormente, tanto o meu quanto o seu luto ou o de uma pessoa querida nos faz agir segundo nosso instinto de sobrevivência. O conceito de vida normal parece distante. Você não consegue se lembrar de como era ser "normal", e certamente não consegue acreditar que um dia voltará a sê-lo. Por mais que lhe pareçam ingênuas essas sugestões, não se esqueça de comer e dormir tão regularmente quanto for possível, pois quando estamos sendo movidos apenas pela sobrevivência o atendimento às necessidades básicas se torna ainda mais importante. Sobretudo porque as deixamos freqüentemente de lado, acreditando que não vale a pena fazer qualquer esforço para garantir a nossa preservação.

Simplesmente procure agüentar firme. Repita muitas vezes para si mesmo que a agudeza da dor vai passar e você *vai* recuperar sua vida normal algum dia. Vai mesmo. É claro que a vida não será igual, pois você terá passado por uma experiência crucial, mas, um dia, num futuro próximo ou distante, você irá acordar de manhã com algum objetivo, alguma sensação de paz, sentindo-se "normal", embora esta palavra ganhe uma nova definição.

Peça qualquer tipo de ajuda que precisar. Peça sem hesitar. Aqueles que lhe dedicam um amor verdadeiro estarão prontos a lhe prestar ajuda, se você lhes der pelo menos uma idéia do que podem fazer. Existem médicos, psicólogos e grupos de apoio capazes de compreender profundamente a dor pela qual você está passando e que são treinados para lidar com tais situações. Ninguém pode fazer desaparecer a sua dor, mas há pessoas que podem e querem pegar sua mão e atravessar esse caminho ao seu lado, para que um dia você recupere a sua própria força e possa fazer o mesmo por alguém que necessite.

Uma verdade é indiscutível: por mais tentadores que possam parecer, drogas e álcool não curam a sua dor, o máximo que conseguem fazer é adiá-la. Reconheço que é difícil, mas, com exceção dos medicamentos prescritos por médicos, não anestesie a sua dor. Você precisa senti-la, suportá-la e superá-la. Adiar esse confronto de maneira artificial faz com que a dor adquira a capacidade de nos tomar de assalto e nos jogar no chão quando estivermos despreparados. É preciso viver totalmente a dor no instante em que ela nos atinge, pois uma emoção tão forte, escondida através da negação, ficará alojada em nosso organismo, trazendo conseqüências desastrosas para nossa saúde física.

Procure não se entregar, e cada manhã disponha-se a viver seu dia da melhor maneira que puder. Não espere até sentir "disposição", porque provavelmente você não irá tê-la durante um bom tempo. A verdade é que, quanto mais suavemente você se obrigar a agir, mais rápido será o início do seu processo de cura. Recomendo voltar ao trabalho o mais cedo possível. Se isso exigir demais de você, proponha-se a realizar algo mais básico como levantar-se da cama, tomar banho, se vestir, dar uma pequena caminhada. Muitas vezes até isso vai parecer uma tarefa árdua e inútil. Mas o fato de cumprir tais funções enviará ao seu corpo a mensagem de que você continua vivo e em atividade, e aos poucos sua mente também acabará assimilando essa mensagem.

Selecione com cuidado as pessoas e os objetos que deseja ter ao seu redor. Evite ao máximo qualquer tipo de negatividade, seja de pessoas, jornal, televisão ou qualquer outra fonte. Este é o momento de assumir claramente uma posição: "Venha me trazer apoio, caso contrário, mantenha distância."

Acolha tudo e todos que sejam positivos, que lhe tragam apoio e alimento espiritual. Leia todas as palavras de conforto que encontrar, e peça a seus amigos que rezem por você e com você. Não se deixe desencorajar caso sinta que nada está lhe ajudando a se recuperar de imediato. Um dos fatos mais extraordinários sobre o luto, que você só vai descobrir quando estiver começando a emergir da escuridão, é que ele realmente expande a alma. A capacidade de dar e receber amor se torna mais profunda à medida que a alma se cura. Ao sofrer a dor de uma perda, você assimila muito mais esperança, conforto e verdade em relação à sua ligação eterna com Deus, e um dia, ao relembrar esse período, perceberá o quanto se aproximou de Deus apenas por ter tido a força de sobreviver a essa indescritível dor.

Sei que é difícil acreditar, mas qualquer que seja a causa do seu luto, ela foi planejada por você antes de chegar na Terra. Não estou querendo lhe dizer: "Pare de reclamar, porque foi você quem quis assim." A conclusão dessa afirmativa é um ponto de extrema importância: na vida de qualquer pessoa existiu e existe um sentido e um propósito muito maior para essa perda do que somos capazes de perceber quando estamos imersos na dor. Por isso, insisto, *agüente firme* – é exatamente porque você planejou tudo isso, que existe um resultado mais adiante que você irá constatar. Acredite nisso. Chavões do tipo "mais cedo ou mais tarde tudo isso acabará trazendo alguma coisa boa", ou "seja lá como for, essas coisas sempre devem ser para o nosso bem", são uma outra forma de dizer: "Já que isso faz parte do meu contrato com Deus, existe um motivo para o que está acontecendo e um dia saberei qual é."

Finalmente, se sentir que existe algo que não foi dito ou que você gostaria de ter feito para o seu ente querido que partiu, diga ou faça agora. Eu lhe asseguro, do fundo do meu coração, que ele está ao seu lado, ele está ouvindo você, está zelando por você, está lhe dedicando amor e compreensão infinitos, até o dia em que possa lhe dar as boas-vindas no Outro Lado.

AFIRMAÇÃO

"Amados Deus Mãe e Pai,

Meu desespero é como uma força palpável, tão avassaladora que devora meus pensamentos e meu coração. Reconhecendo e aceitando este fato, peço ao Senhor que me ajude a atravessar esse caminho e a sair dele mais forte, com meu ser mais iluminado, mais benevolente e mais amado do que nunca.

Sei que chegar ao fundo do meu sofrimento é uma das lições mais cruéis. Mas creio que, com a ajuda de Seu amor mais puro, perfeito e infinito, triunfarei sobre minha dor e minha perda e encontrarei a Sua luz para guiar-me por esse vasto e escuro deserto que agora estou atravessando. Amém."

CAPÍTULO 2

Entrando em contato com o Outro Lado

Os espíritos de nossos entes queridos do Outro Lado estão conosco todo o tempo, zelando por nós, tentando se comunicar, esperando conseguir, de alguma maneira, atrair a nossa atenção, provar que estão vivos e que o medo da morte não faz sentido. Tudo o que precisamos fazer para reconhecer esses espíritos é abrir nossa consciência e desenvolver nossa fé na divindade presente em nós e que nos mantém eternamente ligados uns aos outros e ao nosso Pai.

O paraíso do Lar, onde moram nossos entes queridos que partiram, fica logo aqui, a apenas noventa centímetros do chão. O único motivo pelo qual não o percebemos imediatamente é que ele existe numa freqüência muito mais alta do que a nossa. Gosto de utilizar a analogia das lâminas de um ventilador. Quando elas giram na velocidade mais baixa, podemos vê-las com clareza, mas, quando estão em alta velocidade, as lâminas parecem desaparecer. Acreditar que os espíritos não existem porque não podemos enxergá-los é o mesmo que acreditar que um ventilador ligado na velocidade máxima não possui lâminas. A não ser pela questão dos níveis de freqüência, não há nenhuma diferença entre nós, aqui na Terra, e os espíritos, no Outro Lado. Na verdade, "nós" e "eles" estamos apenas temporariamente separados pela condição física, mas – podem ter certeza – fazendo visitas regulares uns aos outros, limitadas apenas por nossa própria relutância em acolher qualquer notícia que pareça boa demais para ser verdade.

Para compreender o mundo espiritual, é importante entender que o Outro Lado não é apenas o lugar para onde iremos quando esta existência chegar ao fim. É também o lugar de onde cada um de nós veio, nosso verdadeiro Lar entre as viagens ocasionais a esta dura escola chamada Terra. Nossos espíritos fazem uma viagem eterna entre este e o Outro Lado, constantemente aprendendo e crescendo em direção à imensa alegria que nosso Criador nos destinou. O que nós na Terra consideramos como nascimento e morte são apenas os mecanismos através dos quais entramos e saímos dos corpos que escolhemos ocupar enquanto estamos aqui. Nós não deixamos de existir quando saímos de nosso corpo, assim como não deixamos de existir quando saímos de uma casa onde costumávamos morar e nos mudamos para outra. A única diferença é que, ao sairmos de nossos corpos, nós nos mudamos para essa outra dimensão, tão familiar à nossa mente espiritual quanto a Terra nos é familiar agora. E mesmo que não estejamos conscientes do mundo do Outro Lado, nosso espírito sabe exatamente como viajar de uma dimensão a outra, não importa em qual das duas estejamos vivendo no momento. Por tudo isso é óbvio que nós, espíritos, nos comunicamos uns com os outros. É só uma questão de ficarmos atentos.

MENSAGENS VERBAIS DO OUTRO LADO

Vi e ouvi espíritos do Outro Lado durante toda a minha vida e, graças a Deus, tive uma médium brilhante, minha avó Ada, para me ensinar as bases do que deveria observar e ouvir. Sendo uma pesquisadora cética e apaixonada, passei a maturidade refinando e expandindo essas bases e descobrindo a fascinante variedade de maneiras pelas quais os que vivem no Lar estão constantemente dizendo aos seus entes queridos na Terra: "Você não precisa sentir a minha falta! Eu estou aqui!"

O contato verbal do Outro Lado vem de duas formas: vozes, que costumam ficar distorcidas num chilreio desagradável quando vencem a barreira entre as duas dimensões, ou a infusão de conhecimento, que é apenas a passagem direta de uma informação para a mente, resultando naquelas situações em que você de repente "apenas sabe" de algo, sem ter noção de como ou por quê.

É claro que você não precisa ser médium profissional para ouvir as vozes dos espíritos. Na verdade, inúmeros clientes já as ouviram, mas simplesmente não perceberam o que eram ou de onde vinham. É importante acrescentar que *nunca* são vozes que nos ordenam fazer qualquer ato perverso. Não há nada a temer, porque o Outro Lado é um paraíso de amor absoluto, e as vozes dos espíritos que realmente vêm do Lar são incapazes de favorecer ou instigar pensamentos ou atitudes de crueldade. Várias pessoas testemunharam o aparente prazer que os espíritos têm de deixar suas vozes gravadas em fitas de áudio. Um Guia Espiritual deixou gravado o nome de um cliente na fita de sua regressão. Os latidos agitados de um cachorro extremamente protetor, que me pertenceu em uma outra vida, ficaram gravados em várias fitas de minhas investigações sobre fantasmas, embora nenhuma das pessoas presentes nos locais de gravação tivesse ouvido um único latido. Não duvide: os espíritos estão sempre prontos para fazer uso da primeira chance de se fazer notar. Por isso recomendo um exercício bastante simples, caso você tenha curiosidade em tentar ouvi-los:

Coloque um gravador em algum cômodo de sua casa que não seja o seu quarto, para que você não passe a noite sem dormir tentando ouvir algum barulho estranho. Antes de adormecer, envolva-se na luz branca do Espírito Santo para a sua proteção e, depois, convide seu Guia Espiritual, seus entes queridos que já se foram e quaisquer outros espíritos enviados por Deus do Outro Lado para lhe fazerem uma visita durante a noite e deixarem sua presença registrada na fita.

Pode ser que, após várias noites, semanas ou até meses, nada tenha acontecido, e por isso recomendo que ponha a fita para tocar enquanto estiver realizando suas atividades diárias. Em primeiro lugar, porque pode ser algo bastante monótono. Em segundo, porque, se você se concentrar demais, pode acabar ouvindo sons e vozes que simplesmente não estão ali. Mais cedo ou mais tarde, alguma coisa poderá aparecer e você terá conseguido a genuína gravação de uma visita espiritual. Por outro lado, o simples fato de oferecer aos espíritos essa oportunidade demonstra que você reconhece a sua abençoada ligação com o Outro Lado e com a eternidade de sua própria alma.

A infusão de conhecimento do Outro Lado é, naturalmente, mais rápida e sutil do que a comunicação vocal. Eu utilizo a infusão para tudo, desde mensagens sobre objetos perdidos, testamentos secretos, diários, apólices de seguro, até a localização de corpos de vítimas de assassinato, detalhes de sua morte e mesmo os nomes de seus assassinos. Em vez de palavras, essas informações me são dadas através de uma torrente de rápidas imagens, e eu fico sabendo, sem entender direito como, apenas tendo a certeza de que não sou a fonte, mas o canal por onde correm as informações.

Tenho certeza de que você já recebeu infusão de conhecimento de seu Guia Espiritual ou de alguém que já partiu e atribuiu-a a uma "intuição", um "impulso repentino" ou uma consciência que "se apoderou de você". Pode ser algo corriqueiro, como saber quem está ligando antes de atender o telefone, até uma situação mais grave, como uma inexplicável compulsão de verificar se tudo está bem com um ente querido e descobrir que ele se encontra em sérias dificuldades. Talvez a infusão de conhecimento mais comum aconteça durante o sono, quando a mente consciente está fora do caminho e a mente espiritual, no subconsciente, fica mais livre para se comunicar com os espíritos. Se algum dia você dormiu com um problema e acordou com a solução, sem ter a mínima idéia de onde ela pode ter vindo, recebeu uma infusão de conhecimento de algum espírito zeloso do Outro Lado – é extremamente simples e absolutamente divino. Faça uma tentativa sem qualquer compromisso:

Durante um mês, mantenha um registro de todas as "intuições" que vieram à sua mente, mesmo que você não as tenha seguido, e do resultado de suas respostas a essas intuições. Anote também os problemas que lhe trouxeram preocupações antes de dormir e para os quais você obteve uma solução assim que acordou. Só releia esses registros no fim do mês. Se você realmente prestou atenção, haverá muito mais "intuições" e "idéias repentinas durante o sono" do que você esperava, além de respostas mais simples e idéias mais claras do que as que surgem quando a sua mente consciente se tortura diante dos problemas. Faça com que essa tomada de consciência provoque uma abertura maior em sua mente para a fascinante possibilidade de que você recebe infusão de conhecimento do Outro Lado com surpreendente regularidade.

SINAIS FÍSICOS DO OUTRO LADO

Os espíritos podem se manifestar entre nós também de forma física, e não são apenas os médiuns que possuem a habilidade de enxergá-los. Crianças e animais, que são os seres mais mediúnicos sobre a Terra, enxergam e reagem aos espíritos com muita freqüência, pois não têm a menor consciência de que a sociedade considera esse tipo de comportamento inadequado ou suspeito. Alguns adultos também vêem os espíritos, apenas relutam em falar sobre isso em público porque, acredite na minha própria experiência, correm o risco de serem chamados de "malucos". Há alguns meses estive com uma cliente cujo marido apareceu aos pés de sua cama poucas horas após morrer num acidente de automóvel. Estava saudável, feliz e perfeito, com um sorriso que a fez ter certeza do imenso amor que ele lhe dedicava, até desaparecer outra vez. Ela comentou sobre essa abençoada experiência com sua melhor amiga, que lhe garantiu que tudo não passava de uma reação ao sedativo que o médico lhe tinha receitado. Deve ter sido um sedativo muito forte, pois causou uma alucinação das mais realistas, antes mesmo de ser ingerido.

Desejo sempre que as pessoas cujo lema parece ser "qualquer explicação, *menos* o mundo espiritual" pudessem conversar com os incontáveis participantes "normais" de minhas palestras, que me perguntam quem é a mulher alta, com uma trança escura, que fica no palco atrás de mim. Eles invariavelmente se surpreendem quando afirmo que acabaram de descrever Francine, minha Guia Espiritual, pois a maioria de meus ouvintes jamais ouviu falar dela. Outras pessoas que participam dessas mesmas palestras e que sabem quem é Francine juram que eu estava sozinha no palco, uma prova de que não se tratava de algum tipo de efeito especial.

Os espíritos que aparecem ao lado de meus clientes durante as sessões costumam comunicar-se através de gestos e mímica. Eles me ajudam a confirmar sua identidade, indicando a parte de seu corpo envolvida no episódio que lhes causou a morte e, mais freqüentemente, dramatizam algo que não possui nenhum significado para mim, mas que tem grande importância para os entes queridos que desejam visitar. Um de meus favoritos era um rapaz jovem e vibrante, de cabelos negros, que aparecia com muita clareza junto à minha cliente, sua irmã. Ela travava uma enorme batalha com a dor de tê-lo perdido num acidente de motocicleta. O rapaz ficava puxando com força o lóbulo da orelha esquerda, e eu não tinha a menor idéia do que isso significava, por isso apenas imitei o gesto e disse: "Seu irmão está fazendo assim. O que quer dizer isso?" Minha cliente mostrou-se visivelmente perturbada e depois, emocionada, me explicou que o irmão usava na orelha esquerda um brinco que ele adorava e os pais detestavam. Eles não permitiram que o rapaz fosse enterrado com a jóia e decidiram que a irmã deveria guardá-la de lembrança. Ela tinha furado a orelha no dia anterior à sessão e, com orgulho, mostrou-me o minúsculo brilhante, a maneira que encontrou para manter o irmão sempre ao seu lado. Através de mim, o rapaz demonstrava como se sentia feliz com isso.

Entretanto, a maneira mais utilizada pelos espíritos para atrair a nossa atenção é manipular os vários objetos que nos cercam de maneira sutil, mas suficiente para termos a reconfortante certeza de que estão nos visitando, se prestarmos atenção e soubermos o que procurar. Eles acendem e apagam as luzes, fazem televisões mudarem de canal, param relógios, fazem telefones e campainhas tocarem, tocam caixinhas de música, ligam eletrodomésticos, colocam seus próprios retratos de cabeça para baixo ou virados para a parede, espalham moedas por lugares inesperados, removem as chaves de automóveis dos lugares onde temos *certeza* de as termos colocado, sentam-se nos sofás ou na beirada das camas, deixando ali uma leve marca. Eles adoram atenção, são muito inventivos e fazem qualquer coisa para dizer: "Alô, acorde, estou aqui!"

A propósito, não é coincidência que tanta atividade espiritual envolva aparelhos elétricos e ocorra durante tempestades ou nas primeiras horas antes de o sol nascer. Afinal, eletricidade e água, em forma de chuva, umidade ou orvalho, são condutores de energia, e espíritos são energia. Os condutores não são essenciais para que eles possam nos visitar, mas facilitam, e muito, a viagem entre as duas dimensões. Também não existe coincidência no fato de as velas serem uma parte tão tradicional dos rituais espirituais e religiosos: os espíritos não conseguem enxergar a luz artificial, mas são atraídos com facilidade pela luz das velas.

Naquele mesmo diário em que você anotou as suas "intuições" e "idéias repentinas", quero que você anote qualquer fato incomum que aconteça em sua casa, por mais corriqueiro que possa parecer – uma luz ou eletrodoméstico ligado que você poderia jurar que desligou, suas chaves num lugar diferente daquele onde as colocou, uma fotografia, um vaso de flores ou qualquer objeto numa posição ligeiramente diferente daquela em que você os deixou, qualquer coisa que faça você parar e pensar por um segundo: "Que estranho." Não se concentre a ponto de se preocupar, apenas mantenha o hábito de observar e anotar qualquer coisa diferente, enquanto leva a sua vida normal. Depois, a cada um ou dois meses, leia o que escreveu. Tenho a impressão de que você terá uma surpresa agradável diante de tantos pequenos eventos "fora do comum" que acontecem bem debaixo do seu nariz, ou seja, diante de tantos espíritos do Lar que estão ao seu redor tentando dizer alô.

O nome dele era Bradley. Tinha vinte e poucos anos, era inteligente, bem-vestido e afável. Gostei dele no instante em que entrou no meu consultório. Antes que dissesse uma única palavra, eu já sabia que o rapaz estava muito abalado, e ele levou um susto quando eu falei: "Por que você está tão preocupado com sua mãe?"

Há algumas noites, Bradley fora acordado de um sono profundo pela voz da mãe, que repetia seu nome sem parar. Ele se levantou num sobressalto, a voz da mãe era tão nítida que ele esperava vê-la em pé, ao lado da cama, apesar de ela morar a mais de três mil quilômetros de distância. O fato de não encontrá-la ali assustou-o mais do que se a visse. Tinha tanta certeza do que tinha ouvido, que saiu da cama e foi verificar se estava mesmo sozinho no apartamento. Bradley pensou em telefonar para a mãe e se certificar de que ela estava bem, mas hesitou, com medo de acordá-la. Então, fez o que a maioria das pessoas teria feito – convenceu a si mesmo de que fora um daqueles sonhos incrivelmente reais e voltou a dormir. De manhã, estava tão ocupado que nem se lembrava mais do incidente, até receber um telefonema da mãe no escritório, algo que ela nunca fazia, dizendo: "Eu me sinto um pouco tola por perguntar, mas por acaso eu o acordei hoje de madrugada?"

Muito surpreso, Bradley respondeu apenas: "Acordou, sim."

"Foi o que imaginei. Me desculpe", disse ela. "Eu estava meditando sobre você e tive certeza de que você tinha me ouvido."

A mãe de Bradley era uma mulher normal, saudável, com mais de setenta anos de idade, que vivia numa pequena cidade conservadora e participava ativamente da igreja presbiteriana local. "Meditando", para ela, significava passar meia hora em sua poltrona favorita antes de começar o dia, aproveitando o silêncio, organizando os pensamentos, estudando a Bíblia e fazendo as orações matinais. Bradley nunca ouvira falar de espíritos que saíam do corpo e viajavam pelo país para visitar seus entes queridos. Sem saber como agir, ele temia que se tratasse de algum aviso de morte iminente.

Como expliquei para ele, a verdade é que uma viagem astral – que é *exatamente* a saída temporária do espírito do corpo onde mora – é algo muito comum entre as pessoas treinadas ou não para isso, como a mãe de Bradley, que fez uma viagem astral sem saber do que se tratava. Se alguma vez você já teve um sonho muito vívido e seqüencial, fosse ele um devaneio ou conseqüência de sono profundo, se alguma vez pensou que estava acordado e se movimentando, quando sua ficha médica afirmava que você estava muito doente, inconsciente ou em coma, aposto que era seu espírito passeando e se divertindo, livre do controle de seu corpo e de sua mente consciente.

Uma de minhas clientes mais queridas foi Bess, uma mulher que já passara dos sessenta anos. Durante a sessão, ela mencionou o fato de encontrar pequenas pilhas de moedas nos lugares mais estranhos da casa. Ela eliminara todas as explicações lógicas possíveis e queria saber se eu teria alguma explicação para o que estava acontecendo.

Assim que me fez a pergunta, o espírito responsável pelas moedas apareceu brevemente ao seu lado. Seu nome era Dan, um homem alto, com pouco mais de setenta anos, magro, com uma vasta cabeleira branca e olhos de um castanho incrivelmente claro. À medida que eu ia descrevendo esse homem, Bess se mostrava cada vez mais confusa. Ela sabia exatamente quem era – apesar de ambos terem se casado com outras pessoas, Bess tinha sido o grande amor de sua vida e vice-versa. O que a deixava confusa era que Dan estava vivo, embora enfrentasse um avançado estágio do mal de Parkinson.

Essa história é um belo exemplo de que, mesmo quando o corpo está doente ou incapacitado, o poder do espírito jamais diminui. Na verdade, quanto mais avançada é a doença, mais freqüentes são as viagens astrais do espírito para visitar pessoas e lugares dos quais sente saudades – mesmo que seja uma doença mental, pois ela só afeta a mente consciente, sendo incapaz de tocar a mente espiritual, no subconsciente. Se você tem entes queridos que sofrem do mal de Alzheimer, de um derrame, que estejam em coma, ou que tenham algum problema neurológico grave, nunca duvide de que seus espíritos eternos estão acordados, podendo ouvir e florescer através de todas as afirmações positivas que você lhes oferecer. E não se esqueça de procurar por sinais de que esses espíritos estão lhe fazendo uma visita, dedicando-lhe amor e lhe dando a certeza de sua imortalidade, ainda que seus corpos e suas mentes já não possam mais fazê-lo.

VISITANDO O OUTRO LADO

Nós não precisamos esperar pela visita de nossos entes queridos do Lar quando sentimos a sua falta. Acredite no que digo: podemos ir ao Outro Lado e visitá-los através de viagens astrais, durante a meditação ou o sono, e fazer um contato verdadeiro com eles. Não precisamos ter medo de não sermos capazes de retornar ao corpo. A verdade é que nossos espíritos visitam o Lar cerca de três ou quatro vezes por semana, enquanto dormimos. Apenas não nos lembramos conscientemente dessas visitas. A única diferença entre essas viagens espontâneas e as que são planejadas é um pequeno aviso que enviamos a Deus e ao nosso Guia Espiritual para que as pessoas a quem queremos ver possam ser alertadas.

A razão maior para planejarmos um encontro com alguém que já morreu, em vez de aparecermos sem aviso, é que, independente da idade que tinham quando deixaram a Terra, todos no Outro Lado têm trinta anos. Se perdemos uma criança de dois anos ou um avô de noventa, eles têm trinta anos em sua vida espiritual, e por isso podemos ter alguma dificuldade em reconhecê-los caso não estejam nos esperando. Quando vêm até aqui ou quando esperam pelo nosso retorno, eles retomam a forma que conhecemos para que possam ser reconhecidos.

Assim, ao planejar uma visita ao Outro Lado, coloque-se numa posição relaxada, num lugar silencioso, cerque o seu corpo com a luz branca do Espírito Santo e peça a Deus e ao Espírito Santo que avisem aos seus entes queridos que você está a caminho e estará procurando por eles através daquilo a que chamamos de "Janela para o Outro Lado".

EXERCÍCIO

Feche os olhos, respire fundo e sinta que existe uma divina luz dourada rodopiando gentilmente através da luz branca do Espírito Santo, que está sempre ao seu redor. Em volta dessa majestosa fusão de dourado e branco, visualize um cintilante ovo prateado que começa a envolver você e as suas sagradas luzes protetoras, formando uma espécie de embrião. À medida que você se aconchega dentro do sublime casulo que irá levá-lo com segurança nessa jornada, o prisma prateado que está ao seu redor expande as luzes branca e dourada que vão se transformando num mosaico verde, azul, rosa e com tons de roxo, e você sente cada célula de seu corpo ser inundada pela cura, pela espiritualidade e pelo infinito amor de Deus Mãe e Pai.

Você levanta o rosto para receber cada um dos raios dessas magníficas luzes. Sua pele se aquece ao mais leve de seus toques e, em busca de mais, você se levanta e estende os braços para acolher essas luzes e levá-las ao fundo de sua alma. Seu ser está purificado, inteiro, forte e, de repente, numa onda de alegria, você se dá conta de que não está só, pois a visão do Deus Mãe e Pai projeta sua sombra brilhante e sagrada em você, tornando-se seu Companheiro e Guia constante, abençoando e amando você.

Na companhia de seu Criador, você olha para a frente outra vez, vê o ovo prateado dissolver-se e uma janela clara como cristal surgir. Você olha através dessa janela e vê, com gratidão, uma campina de um verde exuberante, cercada por colinas distantes, cobertas de flores. Você então se enche de alegria diante da visão querida e familiar do Outro Lado. Do Lar.

Lentamente, do outro lado da campina, saindo da névoa rosada e delicada, todos os entes queridos que já partiram desta existência aparecem e começam a caminhar em silêncio em direção à janela onde você está, sorridentes, serenos, de braços dados, unidos em seu amor por você e por Deus. Você saboreia cada sensação resultante desse reencontro, sabendo que a lembrança desse momento já está gravada em sua alma de maneira tão profunda que seus vestígios permanecerão com você durante muito tempo. Seus entes queridos vão se aproximando cada vez mais... mais... tomados de imensa alegria por ver você, mas sem nenhuma surpresa, pois você lhes deu tempo para que se preparassem.

Eles param próximos à janela e você sente neles uma imensa gratidão. Você e eles sabem que ainda não chegou a sua hora de ficar ali, mas você sente a mais absoluta certeza de que, quando a sua hora chegar, você partirá sentindo um sereno regozijo e eles estarão lá, esperando para lhe dar um abraço de boas-vindas ao Lar.

Aquele ente querido que você mais queria ver dá um passo à frente e lhe estende a mão. Você faz o mesmo e suas mãos se tocam, no início com leveza e, depois, com força e firmeza, gerando uma onda de energia de duas dimensões que se unem no amor. Você olha no fundo dos olhos dessas pessoas e, nesse momento, cada palavra, cada pensamento e cada ato não concluídos transbordam de você para as almas delas. "Eu amo você." "Sinto saudades de você." "Desculpe-me." "Não pude lhe dizer adeus." "Eu perdôo você." Não há nada que você não possa dizer, nada a ser guardado e a cada verdade que você fala sente seu coração ficar mais leve.

Os olhos dos seus entes queridos compreendem e se enternecem. Seus sorrisos se alargam, suas mãos se fortalecem ao segurar as suas. Sem emitir um único som, eles absorvem aquilo que oprime o seu coração, fazendo-o desaparecer. "Eu compreendo", respondem eles sem palavras, "e também amo você." Você nunca sentiu tanta certeza de nada como sente agora a certeza de que a paz que eles encontraram no Outro Lado – a paz que transcende palavras, dores e erros terrenos – acabou de curar a sua alma.

Tudo foi dito, tudo foi esclarecido, e você aperta a mão de seu ente querido para se despedir, tendo a certeza de que irá visitá-los novamente e de que eles também irão visitar você, e que estarão juntos outra vez quando o seu espírito terminar o trabalho na Terra. Não há tristeza quando suas mãos se separam e você continua sentindo aquele toque, mesmo depois de retirar suas mãos.

O ovo prateado envolve de novo seu corpo e, enquanto retorna ao ponto de partida, você agradece a Deus por esse abençoado reencontro e pela paz de espírito que terá daqui para a frente e que compartilhará com seus entes queridos que vivem na Terra, cujas mãos um dia irão se estender através daquela mesma janela, encontrando você à espera, transmitindo mais força e segurança do que jamais sentiu.

AFIRMAÇÃO

"O meu espírito e o espírito daqueles a quem amo foram abençoados com a vida eterna pelo nosso Criador. Através de minha fé e de Seus planos sagrados não existe distância tão longa nem silêncio tão profundo que possam nos separar. Sinto a forte presença dos espíritos de meus entes queridos, aqui e no Lar, a cada instante, da mesma maneira poderosa com que eles sentem a minha presença ao seu lado."

P.S.

Você se lembra de quando eu afirmei que, ao escrever, começam a se apresentar acontecimentos ligados diretamente ao assunto que estou abordando?

Ao terminar este capítulo, comecei a sentir saudade de meu pai. Então, peguei o retrato dele de que mais gosto e comecei a sorrir para ele. Nesse instante, meu neto, Willy, de dois anos e meio, entrou na sala, olhou para a fotografia e perguntou: "Quem é esse, vovó?"

Expliquei que era o meu pai, bisavô dele, e que eu tinha certeza de que ele o teria amado muito se não tivesse ido para o Lar antes da chegada de Willy.

Brincando, Willy cutucou meu braço, olhou-me nos olhos, abriu um sorriso largo e disse: "Essa é a minha menina!"

Pergunte a qualquer pessoa que conheceu meu pai e que nos viu juntos qual é o sinal de amor entre nós de que ela se lembra. A resposta será uma só: a maneira como ele sempre me cutucava, abria um sorriso e me dizia: "*Essa é a minha menina!*"

Parece que devo acrescentar à lista de meios de comunicação utilizados pelo Outro Lado o fato de algumas vezes os entes queridos que partiram falarem conosco através da mediunidade inocente e solícita das crianças.

Obrigada, papai. Mensagem recebida.

CAPÍTULO 3

Descobrindo o sentido da vida

Antes de deixarmos o Outro Lado para mais uma existência sobre a Terra, planejamos de maneira incrivelmente detalhada cada aspecto da encarnação que está para acontecer. É possível que, ao olhar para alguns aspectos de sua vida, você pense: "*Você está dizendo que escolhi isso? De jeito nenhum!*" Eu mesma, diante de certas situações, achei que devia estar louca quando fiz o meu planejamento. Mas é assim mesmo que acontece, e é muito reconfortante constatar o maravilhoso e eterno plano que Deus fez para todos nós.

Há raríssimas almas extraordinárias que encarnam apenas uma vez e escolhem fazer o resto de seu aprendizado no Lar. A maioria de nós vive muitas existências na Terra, por livre escolha, para aprender lições específicas que permitirão o progresso contínuo de nossos espíritos. Só conseguimos crescer e progredir enfrentando dificuldades e situações negativas, e é só na Terra – este verdadeiro campo de treinamento – que podemos encontrá-las. Quando chegam aqui, nossos espíritos trazem consigo o conhecimento que acumularam em existências anteriores e nos amplos estudos realizados no Outro Lado. O propósito de cada nova existência é baseado naquilo que ainda precisam aprender. Chegar à Terra sem um plano meticuloso para atingir tais objetivos seria o mesmo que aparecer no primeiro dia de aula sem ter a mínima noção do que será ensinado, das disciplinas oferecidas, dos assuntos que despertam ou não o seu interesse, das suas próprias habilidades, e até mesmo do tipo de pessoa com a qual é positivo ou negativo se relacionar.

Como é maravilhoso, como é generoso o amor de Deus por não nos deixar vir à Terra sem um plano, por não nos deixar caminhar sem destino por este lugar tão árido, tentando evitar o maior número possível de barreiras. Mesmo *com* um planejamento, acho que de vez em quando nos sentimos assim. Entretanto, no Outro Lado, não apenas fazemos um planejamento auxiliados por nossos guias espirituais e por um time de almas brilhantemente treinadas e de imensa sabedoria, mas também temos a garantia de que alcançaremos os objetivos ali propostos e retornaremos ao Lar. A questão consiste na forma mais fácil ou mais difícil de alcançar esses objetivos. Este é o motivo pelo qual, apesar de haver um planejamento, existe também o livre-arbítrio.

Vamos dar um exemplo para facilitar a compreensão. Suponhamos que todos nós tenhamos vindo à Terra com o objetivo de chegar ao Pólo Norte na presente existência e que todos comecem no Alasca. Você está num grupo composto das mais diversas pessoas. Algumas procurarão chegar ao Pólo Norte dirigindo-se para o Sul, outras começam a viagem sem levar um mapa, usando apenas um casaco leve e reclamando a cada passo, outras ainda se afastaram alguns poucos quilômetros de casa e já tiveram que voltar porque se esqueceram de algo. Mas haverá também algumas poucas que, completamente preparadas, com um mapa nas mãos, seguem confiantes rumo ao Norte, aceitando o frio, a fome, a exaustão e o vento cortante como partes inevitáveis da viagem, prontas para vencer a jornada e nunca se sentirem vitimadas por ela.

O livre-arbítrio nos permite optar pela facilidade ou dificuldade, benevolência ou ressentimento, entusiasmo ou preguiça, cuidado ou negligência com que seguiremos nosso planejamento. Se antes de encarnar planejamos um corte no braço aos dezenove anos, podemos limpá-lo, fazer um curativo e esperar que cicatrize, ou ignorá-lo e deixar que gere uma infecção grave e potencialmente perigosa. Um acidente de automóvel pode ser algo sem grandes conseqüências ou um desastre quase fatal. Um casamento será uma situação que envolve carinho ou agressões. Por isso, por favor, não fique com a impressão de que o planejamento elimina as escolhas, nega o livre-arbítrio e sugere que algum tipo de fatalismo inevitável rege as nossas vidas. Encontramos inúmeras opções à medida que seguimos nosso caminho. Lembre-se também que nosso planejamento não nos é ditado por algum imponente comitê cósmico. Somos *nós* que o organizamos no Outro Lado, depois de termos feito a opção de experimentar uma nova existência na Terra, o que significa que o livre-arbítrio é uma parte essencial do processo desde o seu início.

O planejamento que fazemos envolve um nível imenso de detalhes. Decidimos sobre nossos pais, dia e local de nascimento, raça, preferência sexual, forças e fraquezas físicas e psicológicas, irmãos e irmãs, filhos, amigos, inimigos, bons e maus relacionamentos amorosos, situação financeira, interesses, desinteresses, capacidade mental, vantagens, obstáculos, cada aspecto de nossa existência escolhido de maneira específica, de acordo com o que já experimentamos em vidas anteriores, com o que aprendemos no intervalo que passamos no Outro Lado e com o que decidimos alcançar nesta vida.

Também planejamos os problemas cruciais que iremos enfrentar. Compreendê-los nos fará entender que as forças e conflitos que enfrentamos não são, de maneira alguma, casuais. Nós os projetamos para garantir que nosso tempo aqui não seja desperdiçado e que essa escola tão dura que todos nós freqüentamos seja a melhor oportunidade possível de aprendizagem e crescimento na eterna viagem de nossa alma.

TEMAS DE VIDA

Em todos esses anos de trabalho, já realizei dezenas de milhares de regressões a vidas passadas com meus clientes, e cada vez que pergunto a uma pessoa que está revivendo uma encarnação anterior "Qual é o seu propósito nessa vida?", ela responde imediatamente com uma única palavra. Comecei a investigar essas respostas há muitas décadas e, através de vasta pesquisa, descobri que, quando compomos o nosso planejamento no Outro Lado, escolhemos um tema de vida primário e um secundário que irão nos ajudar a dirigir nossos caminhos na direção dos objetivos que pretendemos alcançar.

Existem quarenta e quatro temas de vida que estão descritos detalhadamente em meus livros *O Outro Lado da Vida* e *A Vida no Outro Lado*. Por isso não acho necessário repeti-los aqui. Nosso tema de vida primário é a nossa motivação mais interior, a máquina que move o nosso espírito, e o secundário é a força básica que precisamos vencer para alcançar os objetivos aos quais nos propusemos.

Eu sou um exemplo claro do conflito típico entre os dois temas. O meu tema primário é "Humanitário". É isso o que me impele e que se encontra no âmago de tudo o que faço. Uso meus dons mediúnicos como instrumentos para realizar esse tema. Mas meu tema secundário é "Solitário". Se dependesse de mim, se não houvesse o compromisso humanitário que fiz antes de vir para cá, eu ficaria sentada sob a sombra de uma árvore em algum lugar bem distante, feliz e egoísta, lendo, escrevendo, passando dias e dias sem ouvir o som de outra voz humana. Obviamente, se eu sucumbisse ao meu tema secundário, acabaria por invalidar o primário. Por isso, apesar de ser uma tentação constante, tenho consciência de que esse é um luxo que jamais poderei ter e que o tema secundário foi escolhido para testar constantemente a dedicação ao verdadeiro motivo que me trouxe aqui.

Nem sempre existe uma ligação aparente entre o tema primário e a carreira que resolvemos seguir. Há pouco tempo fui procurada por um homem que tinha lido meus outros livros e que estava curioso para saber qual era seu tema primário. Ele se mostrou mais do que cético quando lhe contei que seu tema era "Cura". Ele trabalhara a vida inteira como mecânico de automóveis e jamais tivera a menor curiosidade, muito menos o talento, para a medicina ou a psicologia. Entretanto, quanto mais conversávamos, mais esse homem ia percebendo que era sempre ele a primeira pessoa a quem familiares e amigos procuravam quando tinham problemas. Ele já cuidara de inúmeros animais feridos até que se restabelecessem, e era o primeiro a intervir quando colegas brigavam, buscando restaurar a paz e a ordem. Expliquei a ele que neste mundo existe um número incontável de pessoas com o tema da "Cura" que jamais viram de perto um bisturi, que não possuem um diploma pendurado na parede, da mesma maneira que todos os outros temas de vida na maioria das vezes são representados por pessoas que exercem profissões sem qualquer relação aparente com os mesmos.

Por tudo isso, quando você tentar descobrir qual é o seu tema primário, não o procure diretamente em suas atividades de trabalho. Olhe para o seu *interior*, olhe para o impulso constante que move os seus atos, independentemente dos caminhos que sua vida tomou, o impulso que determina o impacto que você causa nas pessoas ao seu redor. Depois, para descobrir o seu tema secundário, observe qual é a força em seu espírito que parece estar sempre tentando você em direção a uma vida muito menor do que aquela que está aqui para cumprir.

LINHAS DE OPÇÃO

Fiquei muito aliviada quando descobri as minhas linhas de opção, pois, até então, eu me via como um fracasso crônico em certa área de minha vida, sem qualquer motivo aparente, por mais que tentasse ser bem-sucedida. Depois de quase cinco décadas de contato com clientes, nunca encontrei um único que não se sentisse da mesma forma. Agora que sei que não é apenas imaginação, posso afirmar que existe uma área em nossas vidas com a qual teremos que lutar de maneira especial, sobretudo porque fomos nós mesmos que optamos por ela.

Quando escrevemos o nosso planejamento no Outro Lado, temos que escolher entre sete opções: amor, saúde, finanças, carreira, espiritualidade, família e vida social. A linha de opção que escolhemos para a vida que estamos prestes a iniciar é essencialmente a área dessa escola terrestre na qual decidimos nos especializar, a área que mais irá nos torturar, na qual sentimos que temos mais a aprender.

Como já disse, minha linha de opção é a família. Por isso faz bastante sentido que, embora tenha escolhido um pai maravilhoso e uma avó que eu idolatrava, escolhi também uma mãe agressiva e uma irmã com quem até hoje costumo ter desentendimentos. Tive quatro maridos. Meus dois filhos, a quem amo muito, têm pais diferentes e somente há pouco tempo se reconciliaram (graças a Deus!), depois de ficarem vários anos sem falar um com o outro. Ambos tiveram seus próprios problemas familiares, apesar de serem pais maravilhosos para meus três adorados netos. De qualquer forma, durante sessenta e quatro anos, tentei transformar esse grupo de pessoas numa família sensata e feliz, em que, embora conserve sua individualidade, todos estivessem de mãos dadas, juntos pela vida afora. O contraste entre a imagem que idealizei e a realidade é espantoso. Mas como sei que essa foi a linha de opção que escolhi, compreendo por que não consigo lidar direito com os assuntos de família, apesar de todo amor e esforço que dedico a eles, por que meus sentimentos em relação ao assunto são tão ardentes e por que é tão importante para mim nesta vida continuar tentando.

Se alguma vez você sentir inveja de alguém que parece ter muito mais sorte ou mais riquezas, lembre-se que *todos* têm uma linha de opção com a qual precisam lutar, mas algumas pessoas conseguem escondê-la melhor do que outras. Um de meus clientes é uma celebridade, um homem extremamente talentoso e admirado em todo o mundo, espirituoso, encantador, que construiu uma carreira da qual qualquer um sentiria imenso orgulho. Sua linha de opção? Finanças. Seus problemas variam desde pensões para ex-esposas e filhos até um gerente desonesto, um vício em jogo do qual ainda está se tratando e uma longa lista de investimentos que deram prejuízo. Durante muito tempo ele acreditou que sua popularidade era indestrutível. Agora está desempregado há três anos, depois de uma série de investimentos malsucedidos. Talvez você já tenha pensado nele como alguém com quem trocaria de lugar sem pestanejar. A verdade é que ele gostaria de trocar de lugar com você. Tenho certeza de que, se você analisar a sua vida com honestidade, conseguirá identificar, entre as sete, qual é a sua linha de opção. Vale a pena fazer essa descoberta, pelo menos para lhe dar a certeza de que você não é vítima de alguma força obscura e casual, mas que está apenas lutando com aquele ponto que selecionou para ser o mais difícil da presente existência.

PONTO DE SAÍDA

Embora estejamos cheios de amor, júbilo, saúde e otimismo quando compomos o nosso planejamento no Outro Lado, temos total consciência de que a existência que está por vir será no mínimo difícil. Por isso, acrescentamos ao planejamento cinco diferentes pontos de saída, cinco oportunidades de retornar ao Lar quando sentirmos que já cumprimos todos os objetivos aos quais nos propusemos antes de chegar aqui. Podemos nos utilizar de qualquer um deles durante a nossa existência – do primeiro, que geralmente acontece quando somos bebês ou crianças bem pequenas, ao quinto, que em geral é planejado para a nossa velhice.

Exemplos clássicos de pontos de saída são cirurgias, doenças, acidentes, quedas – qualquer acontecimento que possa significar uma ameaça à vida. Todos já ouvimos falar de pessoas que sobreviveram a um acidente ou a uma doença que pareciam fatais, o que simplesmente significa que elas optaram por não utilizar aquele ponto de saída. Também ouvimos falar de pessoas que não sobreviveram a um acidente mais simples, a uma doença menos grave, a uma cirurgia de menor importância, ou, em outras palavras, pessoas que decidiram fazer valer um ponto de saída que, aos olhos dos outros, parecia banal. Embora nada seja mais devastador do que a perda de um filho, podemos encontrar uma minúscula partícula de consolo no reconhecimento de que até mesmo o corpo de um bebê abriga um espírito sem idade, eterno, que compôs um planejamento antes de vir à Terra e que optou pelo primeiro ponto de saída que ele mesmo projetou.

Alguns pontos de saída são tão sutis que mal os percebemos quando nos deparamos com eles. Por exemplo, podemos perder um avião que irá cair no percurso. Suspiraremos aliviados, pensando no que teria acontecido conosco se não tivéssemos ficado presos num engarrafamento de trânsito. Mas raramente pensaremos nos motivos que nos afastaram da morte. Escapar por pouco ou evitar um ponto de saída significa que você optou por não utilizá-lo. Assim, quando repensar a sua vida e tentar identificar os pontos de saída que se apresentaram até hoje, não conclua que, se não passou por um trauma que quase resultou em morte, você ainda não teve um ponto de saída. A rigor, nunca sabemos com certeza dos perigos que nos ameaçaram.

Por outro lado, não entre em pânico se olhar para trás e perceber que já teve três ou quatro pontos de saída até agora. Isso não significa necessariamente que o seu tempo pode estar chegando ao fim. Experimentei meu terceiro e quarto pontos de saída aos quarenta e poucos anos. Já passei dos sessenta e só vou retornar ao Lar depois dos noventa. Quando planejamos os pontos de saída, coordenamos sua ocorrência com o resto de nosso planejamento. Não os determinamos com um mesmo intervalo de tempo e nem os agrupamos segundo algum esquema supostamente lógico da Terra. O momento em que os pontos de saída devem acontecer é decidido em total harmonia com o planejamento do qual eles fazem parte e com o espírito que os criou, ainda que essa perfeição só se torne visível aos nossos olhos quando também retornarmos ao Lar, onde, então, poderemos compreender tudo.

Há pouco tempo, estive com uma cliente chamada Maria, cujo filho de seis meses morrera da chamada síndrome da morte súbita infantil, no ano anterior. Ela ainda sofria muito com essa perda, o que era totalmente compreensível. Quando lhe expliquei sobre os pontos de saída, ela me respondeu que não conseguia imaginar como um recém-nascido poderia sentir que já havia cumprido os objetivos de seu planejamento. Entretanto, à medida que nossa conversa foi se aprofundando, descobrimos juntas que a morte daquela criança acabara por reacender o profundo amor que existia entre Maria e seu marido, um amor que parecia ter ficado perdido no tempo, trazendo também, pela primeira vez, uma verdadeira aproximação entre minha cliente e a mãe, através do consolo que procuraram dar uma à outra. Tal como o espírito desse bebê, existem espíritos cujos objetivos são desprovidos de qualquer egoísmo, que estão aqui para o benefício de sua família, da sociedade, da comunidade médica, do sistema judiciário, ou como doadores de algum órgão. Depois, fiquei extremamente feliz por ter podido dar a Maria uma notícia maravilhosa: o outro filho que ela e o marido estão planejando virá em breve e será um menino. Irá nascer num casamento repleto de amor e de real dedicação, terá a avó mais apaixonada do mundo e viverá uma vida longa, feliz, com muita saúde.

Há mais um ponto essencial do qual não podemos nos esquecer e que insisto em salientar sempre que esse assunto é abordado: o suicídio jamais, em tempo algum, é projetado, muito menos usado, como um ponto de saída. Nenhum planejamento inclui o suicídio e, como nosso planejamento é um contrato com Deus, tirar a própria vida significa quebrar completamente esse contrato.

SEGUINDO O PLANEJAMENTO

Não temos permissão para ver o nosso planejamento, precisamos *vivê-lo*, até que a existência ao qual ele se aplica chegue ao fim.

Não há nenhum exercício que lhe permita dar uma olhada em seu planejamento para verificar se você está no caminho certo, ou para descobrir como retomá-lo, caso tenha se desviado. Mas posso lhe dar algumas orientações sobre as quais você deve refletir em silêncio pelo menos a cada três meses. Isso porém só terá valor se você o fizer com toda a honestidade e, em seguida, tomar alguma atitude em relação ao que descobrir.

AS SEGUINTES ORIENTAÇÕES SE APLICAM A TODAS AS PESSOAS

Nenhum de nós escreveu um planejamento livre de erros. O objetivo de nossos erros é aprender com eles. Não podemos aprender com nossos erros se nos recusamos a assumir responsabilidade por eles. Quando colocamos nos outros a culpa por nossos erros, privamos a nós mesmos do conhecimento, o que é uma forma garantida de nos desviarmos dos caminhos que planejamos. Pense novamente nos erros que você evitou admitir. Então, assuma-os com coragem e sem desculpas. A liberdade que você irá sentir é na verdade um reflexo da imensa alegria de ter dado mais um passo em direção aos seus objetivos.

Mais uma vez, pense nos seus erros e lembre-se que você os incluiu em seu planejamento para que lhe ensinassem alguma coisa. A melhor maneira de saber se você realmente aprendeu com seus erros é observar, com toda a honestidade, se você os está repetindo. Saiba que, se estiver insistindo em cometer os mesmos erros, você está fora do caminho proposto. Por outro lado, os processos de aprendizagem podem ser demorados e às vezes é necessário repetir um erro algumas vezes para aprender. Não se lastime pelo que não fez, faça-o agora.

Todo planejamento é também projetado para aprendermos com a negatividade e sermos capazes de derrotá-la. É esse o motivo pelo qual deixamos o paraíso do Outro Lado, onde a negatividade não existe, para mergulharmos nesta Terra imperfeita, onde ela impera. Aprender com a negatividade significa perceber o seu imenso poder de destruição, não apenas deste mundo e da Humanidade, mas também do aperfeiçoamento de cada espírito que vive aqui, inclusive o nosso. Derrotar a negatividade não significa apenas evitá-la ao máximo, mas confrontá-la, jamais tolerá-la ou fomentá-la, e travar uma constante batalha espiritual contra ela. Posso lhe afirmar, com toda a segurança, que o seu planejamento contém uma promessa a Deus e à sua alma de que, durante a sua existência, você fará exatamente isso.

Quando escrevemos o nosso planejamento no Outro Lado, estamos florescendo sob a presença de Deus, tendo a jubilosa e completa consciência de nossa divindade interior, como Seus filhos. No âmago de cada planejamento está a nossa determinação de sentir a mesma certeza abençoada e poderosa dessa divindade, tal como a temos no Lar, expressando-a em todos os dias de nossas vidas. Expressar a nossa divindade interior significa dedicar tempo e energia a algum ato de generosidade, alguma causa, algum objetivo, que sejam maiores e melhores do que nós, que elevem esta Terra e a tornem um lugar melhor para a nossa estada. A melhor forma de atingir nosso objetivo como seres espirituais é louvar a Deus através de cada gesto, palavra ou ação de amor, compaixão e generosidade por todos os seres vivos que nos rodeiam.

Repito: como cada planejamento é criado de maneira a expressar a profunda consciência de nossa sagrada divindade interior, nenhum deles jamais inclui o suicídio, o autoflagelo ou a falta de respeito por si. Os propósitos inerentes a cada planejamento incluem o compromisso de amar a nós mesmos, pois assim estaremos declarando o amor que sentimos pelo Pai que nos deu a vida.

AFIRMAÇÃO

"Eu sei que, para cada nova existência, escrevo um novo planejamento que me fará prosseguir no caminho que Deus e eu projetamos juntos e que me levará à perfeição. Seguindo o meu planejamento, algumas vezes fluirei, alegre e livre, e algumas vezes cairei, levantarei novamente e aprenderei com a dor. Mas sempre me lembrarei da promessa de Deus de que, embora cada passo possa ser difícil e hesitante, esta viagem será a minha mais divina recompensa."

CAPÍTULO 4

Vidas passadas

Uma das surpresas mais reconfortantes que tive até hoje foi a constante confirmação de que vivemos muitas vidas na Terra. Saber que vivemos uma vida após a outra *é* maravilhoso porque prova que, se tememos a morte, tememos algo que não existe.

Adoraria poder dizer que já nasci consciente da existência de vidas passadas e sempre me senti fascinada por elas. Mas não, eu estava muito preocupada com outros assuntos, como a suspeita de que não possuía nenhuma mediunidade, de que era apenas maluca. Eu não acreditava e nem duvidava das vidas passadas, simplesmente não pensava no assunto. Como tantas outras importantes respostas que tive em minha vida, foi preciso tropeçar num acontecimento que me fez descobri-la.

Foi um acontecimento tão marcante em minha carreira e em minha vida, que repetirei uma história que já contei várias vezes. Um pouco antes de completar vinte anos, após receber meu certificado, tornei-me especialista em hipnose, imaginando que seria uma excelente maneira de ajudar as pessoas que quisessem emagrecer, parar de fumar ou livrar-se de qualquer outro hábito ou desordem emocional subconsciente que as estivesse prejudicando. Um dia, estava trabalhando com mais um cliente hipnotizado, um homem que sofria de insônia, quando ele começou a murmurar, comentando as dificuldades de sua vida como construtor de pirâmides. Depois, passou alguns minutos pronunciando algumas palavras sem sentido, totalmente desconhecidas para mim.

Imaginei que ele estivesse tendo um surto psicótico, e começava a me sentir um pouco assustada quando, tão de repente como entrou, ele saiu do surto e voltou a ser o sujeito simpático que chegara uma hora antes ao meu consultório, falando inglês.

Enviei uma fita gravada daquela sessão a um amigo, professor de psicologia da Universidade de Stanford, só para verificar se as palavras murmuradas faziam algum sentido. Esse amigo me telefonou três dias depois, excitadíssimo, para me contar que, após uma pesquisa considerável, ele e seus colegas concluíram que as sílabas pronunciadas por meu cliente eram uma língua assíria do século sete. Como prefiro ser meticulosa, telefonei para o meu cliente e perguntei se, por acaso, ele era um lingüista ou se conhecia alguma língua assíria da Antiguidade. Ele achou graça, mas aposto que ficou espantadíssimo.

Esse incidente deu início à minha intensa pesquisa sobre a possibilidade de existirem vidas passadas. Comecei lendo tudo o que pude encontrar sobre o assunto e estudando técnicas que me permitissem levar clientes hipnotizados até suas encarnações anteriores, com a maior segurança possível. Achei que seria um exercício interessante para as pessoas que tivessem vivido alguma outra existência. Não podia imaginar que uma descoberta muito mais importante estava para acontecer – a de que todos nós já tivemos outras vidas e que, embora não possamos perceber conscientemente, *essas vidas passadas exercem, todos os dias, um grande impacto em nossa vida presente*.

Após milhares de regressões a vidas passadas e mais de quarenta anos de pesquisas, *sei* que todos nós já vivemos antes, que somos afetados por essas vidas e que a interação de nossas múltiplas existências segue um plano simples, perfeito e lógico de Deus para as almas que Ele criou.

O nosso espírito, que é unicamente nosso, foi criado por Deus há uma eternidade e tem a eternidade para viver, aprender e crescer, numa meticulosa jornada em direção ao nosso potencial maior. Parte dessa jornada se dá no Lar, no Outro Lado, mas de vez em quando fazemos viagens à Terra em busca das lições que devemos aprender enfrentando dificuldades. Os eventos que chamamos de “nascimento" e "morte" nada mais são do que os meios pelos quais nossos espíritos viajam de uma dimensão para outra. Atravessamos todas essas vidas, mas continuamos a ser aquele mesmo espírito ímpar que Deus criou, que segue acumulando sabedoria e um poder abençoado pelo caminho. Cada passo que damos nessa jornada eterna é afetado por cada passo, certo ou errado, que já demos para chegar até aqui.

Podemos fazer uma comparação bem simples. Pense em nossa existência na Terra como um ano escolar e considere o Outro Lado como as férias de verão. Depois das férias, retornamos para mais um ano na escola levando conosco o benefício das lições e experiências que tivemos nos anos anteriores – seja na escola ou durante as férias. Nunca somos obrigados a recomeçar do zero a cada volta. Se fosse assim, jamais sairíamos do jardim-de-infância, não reconheceríamos nossos amigos e colegas, não reconheceríamos a nós mesmos. Que progresso poderia o nosso espírito alcançar? Se esse fosse o plano de Deus para o homem, como nossas almas poderiam conter tanto conhecimento acumulado?

Ao contrário, somos o mesmo espírito, único, singular, por toda a eternidade, abrindo nossos caminhos com o que aprendemos nessa dura escola da Terra e na educação sagrada dos ensinamentos que recebemos no Lar. Repetimos os cursos nos quais temos dificuldades. Nós mesmos decidimos quando estamos prontos para enfrentar um estudo mais avançado na Terra, quando estamos prontos para a nossa formatura e para nos concentrar exclusivamente em nossos estudos de pós-graduação no Outro Lado. Nunca, jamais, somos privados de nossa própria história, nossa infinita riqueza de experiências, nossa identidade original, um direito que nos foi dado por Deus.

MEMÓRIA CELULAR

Como nossos espíritos entraram nesta vida trazendo com eles cada momento já vivido, somos afetados física e emocionalmente por todas as vidas passadas que experimentamos, principalmente através de um fenômeno conhecido como "memória celular".

Sempre que o espírito deixa um corpo humano leva consigo todas as memórias de tudo o que experimentou naquele corpo, assim como a sensação de ter estado abrigado ali. Se após algumas décadas, séculos ou milênios no Outro Lado, o espírito opta por mais uma existência na Terra e se aloja mais uma vez em um corpo, percebe que a sensação lhe é familiar e envia suas memórias para cada célula viva daquele corpo. O resultado é que, do nascimento até a morte, nossa mente consciente e nosso corpo estão sempre reagindo não apenas a tudo o que acontece na vida presente, mas também às memórias que o espírito enviou para as células.

Tive tantos encontros fascinantes com a memória celular, que penso em escrever um livro apenas sobre esse assunto. A alegria de descobri-la e trabalhar com ela está na facilidade com que a memória celular pode nos livrar para sempre de alguma dor da vida atual. É como se um cliente em estado hipnótico mal pudesse esperar para me contar sobre algum espinho de outra vida que o está ferindo novamente, dando-me a grande honra de removê-lo para que a cura se inicie.

Uma de minhas primeiras experiências com o poder de cura da memória celular aconteceu logo depois que aprendi essa delicada tarefa de descobrir vidas passadas através da hipnose, sem jamais induzi-las, sem qualquer sugestão, tendo a certeza de que toda a informação vem do cliente e não de mim. Estou falando de Leigh. Era uma mulher triste, tensa, que aos trinta e cinco anos parecia muito mais velha e que se agarrava com desespero a um casamento no qual sofria abusos. Contra toda a sua lógica e inteligência, ela estava tão envolvida pelo temor de que o marido a abandonasse, que a idéia de deixá-lo nunca passou por sua cabeça. Antes de iniciar sua regressão, ela deixou bem claro o que desejava – estava determinada a encontrar provas em alguma vida passada de que realmente pertencia àquele homem e que tinha razão em acreditar que, um dia, ele iria mudar e seriam felizes para sempre. O que descobrimos foi muito mais significativo. Numa outra vida, quando morava na Pérsia, sua mãe morrera no parto e seu pai, não tendo nenhum interesse pela filha, deixara-a à beira de um rio para que se afogasse. Numa vida subseqüente, como um soldado espanhol na Guerra Hispano-Americana, viu seu batalhão fugir ao ser atacado de surpresa pelos cubanos, abandonando-a para ser capturada e torturada durante onze terríveis dias, até ser finalmente executada. Mantendo-a ainda sob hipnose, perguntei se alguma coisa daquelas vidas lhe parecia familiar em sua vida presente. Ela logo respondeu: o terror de ser abandonada e a sensação de que, no final, o abandono significa morte. Graças às próprias descobertas, através das suas experiências em vidas anteriores, ela aos poucos reconheceu que as escolhas que fazia hoje só agravavam suas feridas, ao invés de curá-las. Menos de seis meses depois, ela me telefonou pedindo uma ajuda muito mais produtiva, e eu e meus auxiliares ficamos felizes em encontrar um terapeuta e um abrigo onde ela pudesse se recuperar em segurança daqueles sofridos dezesseis anos de casamento. Dando um passo de cada vez, Leigh conseguiu construir uma vida de independência, liberdade e auto-estima, e hoje é uma incansável voluntária de uma organização que auxilia vítimas de abusos domésticos.

Nunca deixo de ficar impressionada com o fato de que, após tantos anos e tantas regressões, ainda existam incontáveis surpresas guardadas não só para meus clientes, mas para mim também. Quem assistiu ao programa de televisão a cabo que fiz no mês de junho teve a oportunidade de me ver diante de uma experiência completamente nova. Eu estava fazendo uma regressão a vidas passadas com uma cliente, uma mulher forte e loura chamada Colleen. Ela se lembrava de uma encarnação anterior na África, que terminara com o ataque de um leão. Como a maioria dos felinos, o animal começou mordendo-a no pescoço. Então, ela passou a descrever o lugar onde estava e o que vira depois daquela "morte". No início, quando começou a descrever montanhas verdes e uma edificação com o telhado de colmo, achei que estava se referindo ao Outro Lado, como é comum acontecer a muitos clientes submetidos a regressão. Entretanto, ela disse que estava na Irlanda, observando os moradores daquele lugar. Mulheres com aventais brancos. Crianças. Muitas crianças. Nenhum homem por perto. E, para tristeza de Colleen, embora ela pudesse ver aquelas mulheres e crianças com tanta clareza, elas não pareciam enxergá-la. Não davam sinais de perceber a sua presença. Era como se ela não estivesse ali. Colleen queria muito juntar-se ao grupo, fazer parte dele, mas sabia que, "por algum motivo", não poderia fazê-lo e nem sair dali – estava presa, uma intrusa aparentemente invisível, desesperadamente infeliz, incapaz de fugir, obrigada a ficar naquele lugar durante o que definiu como "um longo tempo, um longo, longo tempo". Ficou tudo muito confuso para ela, até que finalmente perguntei: "As palavras *presa à Terra* têm algum significado para você?" Ela respondeu imediatamente: "Sim."

Na verdade, Colleen estava se lembrando de um pesadelo perdido no tempo, em que era um fantasma preso entre duas dimensões, num orfanato católico irlandês. Já conversei com muitos fantasmas, mas nunca havia me encontrado com um fantasma durante uma regressão e tenho certeza de que fiquei muito mais impressionada do que Colleen. Afinal, ela não tinha como saber que estava me oferecendo uma experiência ímpar. Mas, rapidamente, ela fez a conexão entre aquela terrível sensação de estar em silêncio, invisível, presa à Terra no passado, e a exagerada necessidade de atenção que sentia no presente, a ponto de procurar ocupar o maior espaço físico possível, de maneira a não poder ser ignorada com facilidade.

Depois de nova reflexão, acabamos descobrindo que, durante a maior parte de sua vida, antes da regressão, Colleen sofria de terríveis espasmos na garganta que a impediam de respirar e de engolir. Os médicos não conseguiam encontrar a causa, muito menos a cura. Desde que veio à tona a lembrança de sua garganta sendo arrancada pelo animal, nunca mais Colleen teve aqueles perigosos espasmos.

Uma outra situação gratificante de regressão aconteceu com Stewart, um inglês de quase cinqüenta anos que, logo no início da sessão, afirmou sofrer de dois problemas crônicos. Um deles era uma dor penetrante no peito, que aparecia periodicamente, apesar de seus exames mostrarem que sua saúde era invejável e que não havia nenhum problema em seu peito ou em qualquer outro lugar. O segundo era um estranho e opressivo medo da morte, que se iniciou no dia em que ele completou quarenta e um anos e que ele logo descartou, pensando ser conseqüência de alguma crise de meia-idade. No final da sessão, ele tinha rememorado duas vidas passadas, uma antes da Guerra Civil, no sul do país, que terminara com um tiro no coração dado por um rival, quando ele tinha quarenta e dois anos, e outra na Áustria, quando ele morrera aos quarenta e três anos, vítima de uma doença que hoje seria diagnosticada como câncer de pulmão. Até hoje ele me envia notícias de que sua dor no peito desapareceu e que o medo da morte já não lhe causa preocupação, como acontecia quando sua memória celular reagia ao fato de estar num corpo que acabara de passar dos quarenta anos.

Em cada um desses casos – Leigh, Colleen, Stewart e milhares de outros semelhantes –, a mente espiritual, encontrando-se novamente num corpo físico, estava enviando para todas as células sinais baseados em experiências passadas. Como se dissessem: "Quando estou num corpo físico, sou abandonada por alguém em quem confio, sofro um trauma catastrófico na garganta e depois sou considerada um ser inexistente." "Quando estou num corpo físico, morro aos quarenta e poucos anos de problemas fatais na área do peito." Se você se descobrir desenvolvendo uma fobia repentina em relação a algo que nunca lhe trouxe preocupações, ou se tiver algum problema físico crônico que os médicos não conseguem diagnosticar, pense na real possibilidade de que seja a sua memória celular em ação, reagindo a uma vida anterior, e que só interferirá na vida atual até onde você permitir.

Sinto necessidade de acrescentar algo de grande importância. Nunca permita que qualquer médium, inclusive eu mesma, substitua um profissional da área médica. Trabalho *junto* com centenas de médicos e psiquiatras por todo o país, mas não *no lugar* deles. Por mais poderosos que possam ser os efeitos da memória celular, eles não são a resposta a todo problema físico ou emocional que você possa estar enfrentando.

SINAIS DE NASCENÇA

Você poderia pensar que décadas colhendo evidências sobre vidas passadas e memória celular despertaram em mim uma certa curiosidade sobre os sinais de nascença. Pois isso não aconteceu. Eu não havia sequer pensado nesse assunto até há poucos anos, quando um amigo, que é neurologista, pediu que eu o ajudasse a encontrar uma possível conexão entre os sinais de nascença e as doenças congênitas. Ele não estava conseguindo muita coisa e, sabendo do meu profundo interesse pelos problemas de saúde de meus clientes, imaginou que eu poderia contribuir de alguma forma, antes que ele abandonasse de vez a hipótese.

Não tive mais sorte do que ele e também não consegui estabelecer tal conexão. Entretanto, a menção do assunto me levou a descobrir um significado totalmente diferente para os sinais de nascença que, desde então, tornaram-se uma faceta intrigante do meu trabalho com regressões a vidas passadas.

Tudo começou com um cliente chamado Billy que não sofria de qualquer doença, mas estava interessado em explorar suas vidas passadas, buscando identificar qualquer pessoa com quem estivesse ligado na vida presente. Embora essa busca em especial tenha se mostrado inútil, tivemos uma sessão das mais interessantes, especialmente concentrada em sua encarnação como um índio norte-americano, que terminou quando ele sangrou até a morte, ferido por uma faca que penetrou em sua perna, a alguns milímetros do joelho direito. Quando a sessão chegou ao fim e ele estava se preparando para sair, lembrei-me de meu amigo neurologista e, sem refletir muito, perguntei: "Por acaso você tem algum sinal de nascença?" Ele disse que tinha, levantou a perna direita da calça e me mostrou uma descoloração do formato de uma ferida de faca pontiaguda, alguns milímetros abaixo do joelho direito.

Em algumas raras ocasiões acabo encontrando um cliente que mergulha tão profundamente no processo, que não tem consciência do que está dizendo e nem se lembra do que disse depois que acorda. Só percebi que Billy era assim quando ele se mostrou um pouco sem jeito e bastante confuso diante do assombro que demonstrei ao ver sua perna. Ele não tinha a menor idéia do motivo que me levava a ficar tão impressionada com aquele sinal de nascença e só compreendeu depois que lhe mostrei a fita com a gravação em que ele descrevia sua morte, percebendo logo o quanto aquele sinal se parecia com a cicatriz da ferida que o causara.

A "coincidência" de um único sinal de nascença não seria suficiente para me convencer. No máximo, despertou minha curiosidade, e comecei a perguntar aos clientes, no final de cada sessão, se por acaso possuíam algum sinal de nascença. Dentre os que disseram que sim, uma imensa proporção – noventa e oito por cento – dos sinais correspondia exatamente a um ferimento que acabara de ser revelado durante a regressão. Se eu tivesse perguntado sobre os sinais no início da sessão, nada disso teria me impressionado, pois eu poderia de alguma forma ter plantado uma sugestão na mente das pessoas, levando-as a criar alguma correlação que nos deixasse a todos muito felizes. Mas após as histórias terem sido gravadas, e sem que os clientes esperassem por aquela pergunta, era impossível ignorar uma porcentagem tão impressionante de sinais encontrados nos lugares exatos, ou desprezá-los, considerando-os mera "coincidência".

Um homem com uma marca vermelha e escura, em forma de trevo, no meio do peito, tinha sido executado por soldados franceses, acusado de alta traição; um homem com um círculo escuro, perfeito, atrás da orelha esquerda, tinha sido assassinado pela mulher ciumenta, que o havia matado com um tiro na cabeça, enquanto ele dormia; uma mulher com uma marca horizontal, fina e branca, de uns quinze centímetros, no lado do pescoço, fora enforcada como bruxa durante os loucos julgamentos de Salem; um homem com três leves marcas em seqüência, pequenas e vermelhas, como uma linha de pontos acima do cotovelo, tivera o braço amputado exatamente naquele ponto, numa vida anterior, na Indonésia – meus arquivos estão repletos de histórias documentadas como essas, e estou certa de que essa mesma conexão entre feridas em vidas passadas e sinais de nascença em clientes submetidos à regressão hipnótica continuará a aparecer sempre que eu fizer aquela última pergunta: "Por acaso você tem algum sinal de nascença?"

Eu sei que essas descobertas não trouxeram nenhuma contribuição aos estudos do meu amigo neurologista, mas estou eternamente agradecida a ele pela nova dimensão que as suas dúvidas sobre os sinais de nascença ofereceram à minha apaixonada pesquisa sobre memória celular.

EXERCÍCIO

Em meu livro *O Outro Lado da Vida*, no capítulo "Vida após vida: como descobrir suas vidas passadas", incluí um exercício longo e eficaz para que você faça suas próprias regressões, de preferência com a ajuda de uma pessoa amiga. Em vez de repeti-lo aqui, vou lhe ensinar uma meditação que pode ser feita em menos tempo e a sós e que lhe dará pelo menos um vislumbre da rica e surpreendente história da jornada de seu espírito. Além disso, ela poderá lhe ajudar a se livrar de qualquer dor ou medo que você tenha trazido de uma vida passada e que esteja lhe causando problemas na vida atual.

Preparando-se para essa maravilhosa visita à sua história passada, quero que você comece cercando o seu corpo com a luz branca do Espírito Santo e depois crie uma majestosa aura ao redor dessa luz branca, um brilho de luz roxa, a cor de Deus que nos criou, Deus cuja chama genética arde dentro de você, Deus que guiará você em segurança de volta pelo caminho que já atravessou, para lhe dar a certeza de que você viveu uma eternidade, você viverá uma eternidade e em suas vidas não existe o fim. Feche os olhos e sinta um exército protetor formar-se ao seu redor – seu Guia Espiritual, uma multidão de Anjos com suas asas brancas, agrupando-se silenciosamente para garantir que, a cada um de seus passos, até o momento de sua volta, não haverá nenhum perigo e somente alegrias chegarão até você. Não é preciso enxergar essa legião sagrada. Apenas sinta a sua presença, o seu amor divino e incondicional abraçando você como se fosse uma capa de calor e segurança, impenetrável e leve. Visualize-se levantando lentamente, sentindo seu ser cheio de energia e confiança, e ouça um sussurro lhe assegurando: "Você nunca estará só. O seu Guia Espiritual e os Anjos estão aqui, oferecendo-lhe amor, abençoando essa jornada, abençoando você pela coragem de testemunhar sua própria imortalidade."

Comece a caminhar, envolvendo-se mais nessa capa de calor e segurança. À sua frente aparece um grande tubo de prata, onde se pode entrar. Ele acolhe você com carinho, enche você de entusiasmo por saber que no seu ponto final estão guardados segredos que são só seus e que irão mudar para sempre a visão que você tem de si e de seu espírito. Você anda com passos fortes e seguros em direção ao tubo de prata e, sem medo, atravessa a sua entrada. No instante em que seu pé toca o chão firme do interior, esse maravilhoso tubo de prata começa a vibrar, lançando de suas paredes e teto curvos uma chuva de brilhos, uma poeira de minúsculas centelhas de um verde-prateado, tão suave e fina que sua pele a absorve à medida que ela cobre você. Seu corpo e seu espírito, ansiosos por alimento e cura, consomem com alegria essa cintilante névoa de pureza e você percebe que, a cada novo passo, sente-se mais forte do que nunca, com mais poder, numa ligação mais intensa à sua divindade interior. Com toda essa energia e desejo de saber o que se esconde mais adiante, você começa a correr. A capa de proteção, com seu Guia Espiritual e os Anjos, cresce alegremente ao seu redor, enquanto você corre, corre, e se aproxima cada vez mais das emocionantes surpresas no final desse cintilante tubo de prata.

O tubo se alarga, sinalizando que você está quase chegando à saída. Quando olha para a frente, você observa que tudo o que se encontra ali está coberto por uma pesada névoa branca que paira no ar, bloqueando a visão.

Seus passos se tornam lentos e apenas por um instante você hesita e sente um certo medo, uma vontade de voltar. Mas seus dedos tocam de leve a capa em torno de seu corpo e você ouve aquelas vozes amorosas mais uma vez: "Estamos ao seu lado... abençoando você pela coragem de testemunhar sua própria imortalidade." Uma promessa sagrada, tão repleta de amor que não lhe deixa dúvidas. Você respira fundo e dá um passo à frente, penetra nessa pesada névoa branca e sorri com alívio. É seguro e inofensivo, apenas um véu opaco que bloqueia momentaneamente a visão. À medida que seus passos voltam a ser mais confiantes, você sabe que esse véu é tudo o que separa você de um vislumbre da rica história de seu espírito. Esse véu, essa silenciosa neblina, não está lá para impedir seu caminho: o que impediu até agora foram o seu medo e a falta de fé. Mas agora, sentindo a proteção, seu ser repleto de fé em Deus, sem sentir nenhum temor, você se move por essa nuvem baixa em direção ao passado.

A sua recompensa por não desistir chega depressa, pois mais além da neblina, mais além da larga saída do tubo, você começa a identificar a agradável visão de uma maravilhosa ponte dourada, reluzindo em meio a uma festa de raios de sol, estendendo-se sobre o azul de um riacho, que corre com suas águas claras. Você mal pode esperar para chegar ali. Sente-se mais leve do que o ar, os pés descalços, quase sem tocar o caminho de tijolos que vai da saída do tubo até aquele arco firme. Você pára por um instante no meio da ponte reluzente, olha para baixo e admira a água cristalina que dança por cima das pedras que margeiam o riacho.

Relutantes, suas mãos se soltam do parapeito e você força o olhar para a imagem além da ponte. Seus olhos precisam de alguns instantes para se ajustar à luz do sol brilhante mais à frente. Quando, finalmente, a sua visão se acomoda, você prende a respiração, quase com medo de acreditar que a imagem que se descortina além do riacho e da ponte seja real, mas sabendo que é.

Quais são as imagens que lhe aparecem? Montanhas? Desertos? Uma choupana no meio de uma clareira silenciosa numa vasta floresta? Uma vizinhança agradável, com ruas de pedra e lampiões a gás? Uma vila cheia de coloridos e movimentados mercados ao ar livre, carroças puxadas por bois, o ar carregado do barulho de crianças que brincam ali por perto? Um porto com inúmeros navios e o cheiro do mar? São muitas as possibilidades. Só você sabe que visão vai encontrar e sabe também que ela faz parte de você, tanto quanto sua própria alma. Você se pergunta qual é o nome daquele lugar, e a resposta vem de imediato, na primeira palavra que lhe chega à mente.

Quando começa a sair da ponte, caminhando em direção a esse lugar estranho e ao mesmo tempo familiar, você percebe que ali existem pessoas e que elas notam a sua presença, seus rostos expressando a alegre surpresa de reconhecer você. Elas correm ao seu encontro e, no início, você não as reconhece, pois usam roupas estranhas, próprias desse outro tempo e desse outro lugar. Mas à medida que elas se aproximam, você começa a reconhecê-las: são espíritos a quem você amou profundamente durante sua vida naquele lugar. Então, você corre para abraçá-las. Você sente o toque suave de sua mãe daquele tempo, os braços fortes de seu pai, os abraços reconfortantes de irmãos, irmãs, amigos, seu confidente mais íntimo de então, a intimidade ímpar das mãos de um ser amado quando ele segura as suas. A inquestionável verdade envolve você. Você conheceu essas pessoas, você as conhece agora, seu espírito ansiava por vê-las outra vez, e o amor que sentem é tão poderoso e eterno quanto a própria vida.

Entusiasmadas por estarem ao seu lado, elas guiam você gentilmente de volta para a ponte, para a beira do riacho cristalino. Confiando nelas, você olha para baixo, para as águas claras, onde encontra o seu próprio reflexo. Mas o que vê não é a mesma pessoa que entrou no túnel de prata e deu os primeiros passos na ponte, mas a pessoa que viveu nesse lugar, nesse tempo, entre seus seres amados. Você contempla o reflexo no riacho até conhecê-lo de cor e poder trazê-lo com você de volta pelo tubo. À primeira vista é o reflexo de um estranho, mas um corpo que já foi o abrigo do espírito que é seu e somente seu, e você aprecia esse corpo como uma parte essencial de quem você é agora.

Vire-se e olhe mais uma vez para as pessoas a quem ama e despeça-se sem tristeza, confiante, na certeza de que poderá retornar quantas vezes quiser para visitar este ou qualquer outro lugar onde viveu seu espírito. O amor dessas pessoas, o conforto de seu abraço, a profunda familiaridade deste tempo e deste lugar e o reflexo que olhava para você daquele riacho cintilante permanecerão ao seu lado muito tempo depois que você partir e retornar ao tempo que chama de "hoje". E quando atravessa novamente a ponte dourada e entra no tubo de prata, você tem certeza, sem sombra de dúvida, de que nesses poucos minutos seu espírito foi alimentado, curado, reforçado na convicção de seu sagrado direito de eternidade.

AFIRMAÇÃO

"Hoje eu abraço todo o amor, sabedoria e conforto de todas as minhas vidas passadas nesta Terra e libero toda a negatividade, todo o medo, todas as doenças e incertezas dessas mesmas vidas, mergulhando-os na luz branca do Espírito Santo. Libertando assim o meu espírito de qualquer memória celular nociva, eu me torno capaz de remover as barreiras desnecessárias que se colocam entre mim e o centro do meu espírito eterno, que é o Deus que o criou."

CAPÍTULO 5

Perdão: uma dádiva para nós mesmos

Foi Alexander Pope quem escreveu: "Errar é humano, perdoar é divino." Eu concordo. Perdoar é mesmo divino. Por isso mesmo é tão difícil.

São muitas as nossas dúvidas relativas ao perdão. Como filhos de Deus, somos moralmente obrigados a sempre "perdoar a quem nos tenha ofendido"? Será que temos o direito de esperar o perdão, não importa o que tenhamos feito, se pedirmos com carinho? Se somos espiritualmente obrigados a perdoar, isso quer dizer que nenhum comportamento passa dos limites, desde que peçamos desculpas depois? É possível ser muito rápido ou muito lento para perdoar? Quantas vezes devemos perdoar a mesma pessoa por ter tomado a mesma atitude? E se, por mais que tentarmos, por mais espiritualizados que formos, simplesmente não conseguirmos perdoar determinadas atitudes? Isso nos tornaria indesculpáveis aos olhos de Deus?

O que eu acho é que o perdão é um processo muito complicado para ser reduzido a uma regra simplista como: "as pessoas boas perdoam, as más, não". E não tenha dúvida: o perdão é um processo que depende das atitudes de quem perdoa e de quem pede perdão. É uma escolha, uma dádiva que só deve ser ofertada com sinceridade. Sobretudo *é aquele que perdoa quem recebe a maior parte dessa dádiva.*

SOBRE O PERDÃO

Como vivemos num mundo imperfeito, enquanto estivermos aqui sofreremos certamente injustiças e nos veremos, inúmeras vezes, diante do dilema de perdoar ou não quem as praticou. Um dos aspectos mais difíceis desse dilema é que ele é extremamente pessoal – somente cada um de nós, a partir da própria experiência, pode saber o que é ou não perdoável. E aquilo que achamos em determinado momento que jamais perdoaríamos torna-se perdoável dentro de circunstâncias específicas. Por outro lado, para nossa surpresa, situações que imaginávamos ultrapassar com facilidade acabam por se tornar insuperáveis. Um outro aspecto complicado, em que nem sempre pensamos, é que todos nós, sem exceção, desejaremos ser perdoados em vários momentos, e *não temos o direito de pedir nada que nos recusamos a dar.*

Todas as vezes que nos defrontamos com um sério problema envolvendo o perdão, precisamos considerar algumas premissas antes de nossa decisão final.

- **A compaixão** está no centro de cada atitude que tomamos em relação a qualquer ser humano deste planeta e isso, sem dúvida nenhuma, inclui o perdão. "Aja com os outros como gostaria que eles agissem com você." É uma pena que essa regra de ouro tenha se tornado uma espécie de chavão, pois ela é a mais perfeita síntese da palavra compaixão. Por mais difícil que algumas vezes possa parecer, a compaixão é uma parte inerente à natureza humana. No Outro Lado, onde não existe negatividade, ganância, ciúme ou ego, onde não há leis para reger o nosso comportamento, a compaixão é algo tão natural quanto respirar. A compaixão que inclui perdão requer apenas a capacidade de ouvir a outra pessoa, de nos colocarmos em seu lugar, levando em conta as suas circunstâncias, sua história, seus pontos fortes e suas fraquezas. Todos nós os temos.
- **O motivo é importante**. Existem atitudes deliberadas e existem acidentes, falta de cuidado, ignorância e momentos de impetuosa irreflexão. Lembrem-se sempre do que disse Jesus Cristo na cruz:

"Pai, perdoai-os, porque não sabem o que fazem." (Lucas 23:34) Um cliente meu chamado Leland perdeu sua jovem e amada esposa num acidente causado por um motorista bêbado, quando todos voltavam para casa após uma festa de casamento. Apesar de sofrer muito, ele perdoara o motorista bêbado. "Eu bebi exatamente a mesma quantidade que ele naquela festa. Poderia ter sido eu a matar alguém naquela noite. Ele não queria que isso acontecesse, da mesma maneira que eu também não desejaria ter feito algo assim." Lembro-me que, ao ouvir isso, pensei que se esse cliente, diante da perda sofrida, foi capaz de reconhecer que a única diferença entre ele e o outro motorista tinha sido uma questão de sorte, todos nós poderíamos nos esforçar para fazer o mesmo.

- **O objetivo fundamental do perdão é a paz de espírito – não a dos outros, mas a *nossa*.** Podemos nos enganar afirmando que, ao perdoar, o que desejamos é ter uma atitude generosa e mostrar como somos boas pessoas. Mas a verdade é que o que mais buscamos ao perdoar é nos livrar da carga negativa que o acontecimento ou a pessoa envolvida exercem sobre nós. Manter uma ligação de raiva e ressentimento com uma pessoa ou com algo que nos agrediu paralisa o nosso espírito e prejudica o nosso físico. A ciência está começando a perceber como os rancores reprimidos e as mágoas não resolvidas danificam os sistemas imunológico e cardiovascular, da mesma maneira que acontece quando estamos estressados. Por isso, se a decisão de perdoar nos traz a paz e nos permite seguir em frente, nossa saúde não pode se dar ao luxo de ficar presa às feridas emocionais, e é preciso tomar providências para ajudá-las a cicatrizar.
- **Só invista no processo do perdão quando o motivo for absolutamente sincero.** Dizer que perdoou e continuar a punir, reclamar ou guardar mágoa de uma pessoa é tão destrutivo quanto a ofensa que deu início ao problema. O perdão sincero é algo importante e valioso demais para ser reduzido a uma tática de manipulação, uma isca para atrair e, logo depois, ser retirada e exibida novamente, apenas para manter uma falsa sensação de poder sobre

a pessoa que agiu mal. Não se esqueça, cada vez que lembramos a alguém da dor que nos fez passar, nós também nos lembramos e, consciente ou inconscientemente, revivemos o sofrimento, o que nos impede de ultrapassá-lo. Além disso, mais cedo ou mais tarde, a isca vai acabar perdendo o efeito – nenhuma isca pode ser *tão* atraente assim.

- **Ame-se e ao outro o suficiente para colocar algumas condições em seu perdão.** Na verdade, acredito piamente que antes de chegar ao perdão é preciso que a pessoa que ofendeu manifeste o propósito de não repetir o ato que causou a agressão, se mostre capaz de compreender o impacto e a dor causados por sua atitude e procure entender as razões que a levaram a agir de determinada maneira. Não há garantia absoluta de que a situação não se repita, porque determinados problemas estruturais são difíceis de serem resolvidos rapidamente. Mas pelo menos é indispensável que haja uma intenção firme baseada no amor pelo outro no desejo de evitar sofrimento e um esforço continuado que leve a progressos que mostrem que a pessoa aprendeu algo com a experiência.

Há algo importante que precisa ser lembrado. Existem, evidentemente, atos que ferem qualquer pessoa. Mas existem muitos outros que causam sofrimento dependendo da sensibilidade ou características de cada uma: um atraso, o cancelamento de um compromisso, o esquecimento de uma data importante, por exemplo, repercutem de modos diferentes nas pessoas. Por isso, é indispensável, em qualquer relacionamento que se aprofunde, que os parceiros se dêem a conhecer, transmitindo um ao outro seu modo de ser. Não se trata de afirmar, por exemplo, que "atrasos são imperdoáveis" ou "o esquecimento do nosso aniversário de casamento é uma agressão", mas comunicar o que você sente quando fica esperando sem nenhuma notícia ou explicação e do quanto o desconhecimento de uma data significativa pode magoar você. Quanto mais formos capazes de deixar claro o que consideramos importante e o que não conseguimos tolerar, menor será a possibilidade de enfrentarmos situações que nos obriguem a decidir sobre o perdão. Se o fato de esquecerem o seu aniversário fere os seus sentimentos, ajude seus amigos e familiares a se lembrarem da data. Se eles se esquecerem, procure não ficar remoendo sua raiva, sentindo-se uma pobre vítima. É bem possível que você já tenha esquecido do aniversário de alguém ou tenha dito alguma coisa que magoou uma pessoa querida, sem que tivesse essa intenção. Nunca imagine que todos se sentem da mesma maneira, pois não é verdade. Procure falar antes, não depois que a pessoa cometeu um erro involuntário. Se você não suporta atrasos, se não gosta de telefonemas antes das oito da manhã, se não gosta de interrupções quando assiste ao seu programa favorito na televisão, se detesta comida chinesa, jazz, discussões sobre política, deixe isso bem claro. Você estará armando uma cilada se exigir que todos respeitem regras que desconhecem e depois recusar um pedido de desculpas se alguma delas for quebrada. Nesse caso, a culpa é toda sua.

PEDINDO PERDÃO

Todos nós vamos cometer erros nesta vida e, de vez em quando, de uma ou outra forma, magoaremos alguém. O planejamento que fizemos no Outro Lado foi projetado para incluir esses erros, pois eles são desafios que devemos superar e através dos quais devemos aprender, muitas vezes tentando reparar as dores que causamos. Todas as facetas do perdão – oferecê-lo, recebê-lo e negá-lo – são básicas e essenciais ao crescimento e ao aprendizado de nosso espírito. É inevitável: algum dia iremos pedir a alguém que nos perdoe. A questão é: como aumentar nossas chances de fazer isso com sucesso?

- **Assuma total responsabilidade, sem causar maior dano com suas explicações.** Inúmeros clientes já se sentaram em meu consultório torturando-se porque foram injustos com uma pessoa a quem amavam. Através de suas histórias e de minha própria experiência, aprendi que dizer "Me desculpe" acrescentando a palavra *mas* anula o pedido de perdão, a não ser que depois do *mas* venha algo que não pôde ser evitado. "Me desculpe, mas meu carro quebrou" ou "Me desculpe, mas o vôo foi cancelado" são justificativas que merecem ser ouvidas. Porém, qualquer variação do tipo "Me desculpe, mas você me irritou" ou "Me desculpe, mas você já fez isso comigo antes" na verdade quer dizer "A culpa é toda sua" ou "Posso dar o troco do que você me fez". Lembre-se que, antes de encarnar, planejamos erros para aprender com eles. Recusar-se a aprender essas lições significa que estamos destinados a repetir esses erros indefinidamente. Como é possível aprender com nossos erros sem assumir nossa responsabilidade por eles?

- **Quanto mais difícil for pedir perdão, mais rápido devemos fazê-lo.** Sempre achei contraditório o fato de as pessoas adiarem um pedido de desculpas com a alegação: "Tenho o meu orgulho." Adiar um pedido de desculpas devidas nos faz parecer mais errados e covardes e, quanto mais adiarmos esse pedido, por mais tempo daremos essa impressão. Onde está o orgulho nisso? Sabemos também que, à medida que o tempo passa, mais difícil fica pedir perdão. Este já é um bom motivo para fazer logo o que deve ser feito. Gosto de usar uma comparação para explicar melhor as conseqüências na demora em pedir perdão. Vamos imaginar o nosso planejamento como um programa de televisão no qual vários aspectos de nossa vida são mostrados em seqüência em diferentes canais. Se nossa vida estiver progredindo como planejamos, podemos mudar para qualquer canal, a qualquer hora, e veremos ação, movimento, acontecimentos se desenrolando, ainda que de maneira lenta e irregular. Mas para cada pedido de desculpas devidas que deixarmos de fazer existe um canal onde não há movimento, onde a ação permanece congelada naquele exato momento em que aconteceu o ato que gostaríamos de ver perdoado. A única maneira de reativar esses canais, ou seja, o nosso planejamento, é fazer com que aquela parte de nossa vida seja revitalizada através de um pedido de perdão. Cada minuto que demoramos é mais um minuto em que o planejamento que fizemos para nós mesmos fica atrasado, o que implica perda de tempo e de energia emocional.

- **Perdoar é um processo, não um ato isolado, e o perdão duradouro só chega quando este processo estiver em curso.** Assim, quando prometemos "Isso não vai acontecer novamente", precisamos demonstrar que o outro pode confiar em nossas palavras. Se, por exemplo, não podemos pedir perdão pela demora em pagar um empréstimo se não tivermos algo a oferecer. É preciso devolver pelo menos uma parte, por menor que seja, do dinheiro e nos comprometer com um cronograma de pagamento das demais parcelas. Se agredimos nosso parceiro porque temos uma neurose específica, o pedido de desculpas precisa ser acompanhado pela notícia de que já marcamos uma entrevista com um terapeuta que nos ajude a resolver a origem do comportamento agressivo. Há uma enorme diferença entre "Estou pensando em fazer" e "Já estou fazendo". Isso sem falar no pior de todos: "Vou tentar." "Tentar" é uma das maneiras mais fáceis de evitar "fazer". Até estarmos prontos para fazer algo melhor do que "tentar", não devemos esperar que nos perdoem.
- **Não temos o direito de reclamar das inevitáveis conseqüências de nossos atos.** Direta ou indiretamente, cedo ou tarde, gostando ou não, há sempre uma conseqüência para tudo o que fazemos, graças a uma poderosa verdade universal chamada "carma", que simplesmente significa "um equilíbrio de experiências". Nós realmente colhemos o que plantamos. Isso pode não ser percebido imediatamente, e talvez leve quase toda uma vida para descobrirmos o sentido mais profundo dos acontecimentos e das escolhas que fizemos. De qualquer forma, quando as conseqüências chegam, boas ou más – e elas chegarão, pode ter certeza –, a única pessoa a quem devemos agradecer ou culpar é aquela que nos olha quando estamos diante de um espelho.
- **Lembre-se, ninguém é obrigado a aceitar nossos pedidos de perdão.** Quando cometemos uma injustiça com outra pessoa e

depois pedimos desculpas sinceras, achamos sempre que ela é obrigada a aceitá-las e ficamos indignados quando isso não acontece. Mas não é assim. As pessoas são livres para fazer suas escolhas, o que inclui levar ou não em consideração o quanto estamos arrependidos e dar ou negar a paz de espírito que o perdão irá nos trazer.

O INDESCULPÁVEL

Quando fiz meu planejamento antes de vir para cá, estabeleci um contrato firme com Deus para fazer deste mundo um lugar melhor do que quando cheguei, e não há um só dia em que não me esforce para fazer algo em cumprimento de minha promessa. Mas se alguém for cruel e ferir uma pessoa a quem amo, uma criança, um animal, qualquer um que não possa tomar conta de si mesmo e defender-se, você poderá testemunhar uma prova da minha profunda crença de que algumas atitudes são imperdoáveis.

Como eu já disse antes, um dos motivos mais importantes para aprendermos sobre o perdão é atingir a própria paz de espírito e libertar-se do peso emocional dos ressentimentos guardados. Mas existem certos crimes, injustiças e traições que não me sinto capaz de perdoar. Então, para adquirir a paz de espírito que sempre busco, tenho necessidade de direcionar minha raiva e indignação para a realização de alguma coisa positiva. Não há regras rígidas sobre o que deve ou não ser perdoado.

Não há exemplo melhor de direcionamento positivo do sentimento causado por uma atitude imperdoável do que o de John Walsh, o famoso criador e apresentador de televisão, homem por quem tenho a maior admiração. Seu lindo filhinho, Adam, foi seqüestrado e morto e, embora ele tenha certeza de quem cometeu esse crime hediondo, ninguém foi preso e muito menos condenado. Tenho quase certeza de que ele não perdoou o homem que matou seu filho, mas, em vez de se deixar consumir pela amargura gerada por esse ato imperdoável, ele canalizou a energia de sua raiva para criar uma nova legislação de defesa dos direitos das crianças, fundou organizações para localizar menores desaparecidos e ajudar milhares de vítimas a encontrar consolo e justiça, tornando-se assim um dos responsáveis pela captura de quase setecentos criminosos.

Numa escala menor e mais anônima, recentemente trabalhei com dois irmãos de quarenta e poucos anos de idade, cuja mãe falecera recentemente. Tratava-se de uma mãe que tinha agredido os filhos de maneira abusiva, abandonando-os para fugir com um namorado viciado em drogas. Quando eles se encotraram outra vez, cerca de vinte e cinco anos mais tarde, ela sequer lhes pediu perdão, tentando apenas negar e justificar as próprias atitudes, preferindo se fazer de vítima, contando uma dolorosa história. O que me deixou fascinada foi que ambos os irmãos, após passarem por uma infância com idênticos horrores, tornaram-se pessoas responsáveis, produtivas, generosas e, ainda mais inacreditável, excelentes pais. Um deles perdoou a mãe completamente. O outro, não, e jamais pretendeu fazê-lo. Ambos estavam em paz com suas escolhas e procuravam fazer o melhor uso possível daquelas decisões opostas.

E há também a história de Liza, que estava passando por uma enorme inquietação quando nos conhecemos. Ela tinha tomado conta do pai até o fim de seus dias, dez meses antes, enquanto seu único irmão, Max, jamais fizera uma única visita e nem oferecera um centavo para ajudar a sustentar a longa, dolorosa e cara doença que o pai enfrentara. Entretanto, com a ajuda de um advogado e de algumas brechas no testamento, ele conseguira ludibriar Liza e ficar com todos os bens. Alguns dias após o funeral, resignada com a vitória injusta de Max, Liza pediu ao irmão que lhe entregasse apenas o relógio de bolso do pai, o objeto que ele mais adorava. Max sorriu e respondeu: "Você quer o relógio? Aqui está ele." Atirou a jóia no chão, na frente da irmã, pisou nele com força, quebrando-o em mil pedaços. Dez meses depois, Liza ainda sentia a mesma dor daquele instante em que o relógio foi quebrado. A dor de perder o pai era quase mais fácil de suportar do que a agonia de se descobrir incapaz de perdoar o irmão por um ato de tamanha crueldade. "Como cristã", repetia ela, "fico repetindo para mim mesma que era apenas um relógio, mas não consigo esquecer e fazer as pazes com Max, apesar de ele ser o único membro da família que me resta."

O que eu acredito, e disse isso para Liza, é que nesse mundo imperfeito, onde as pessoas estão em diferentes fases de desenvolvimento espiritual, onde cada um de nós tem suas próprias lições para aprender, é grande a possibilidade de ter que enfrentar um ato imperdoável, cometido por alguém que ainda não alcançou o mesmo ponto em que estamos no caminho espiritual. Quando isso acontecer – como já aconteceu comigo –, a solução não é culpar a nós mesmos, muito menos oferecer um perdão que não é sincero e que fará com que continuemos a ser consumidos pelo ressentimento. A solução está em qualquer atitude que nos permita seguir em frente de maneira produtiva. Se essa atitude for perdoar, ótimo. Mas se isso for difícil demais para nós, *vamos colocar esse caso nas mãos de Deus e de Seu divino perdão e procurar desapegar-nos ao máximo da atitude que nos feriu e da pessoa que a cometeu.*

A verdade é que colocamos outros problemas nas mãos de Deus, quando está acima de nossa capacidade solucioná-los. Por que hesitaríamos em pedir a Ele que tire de nossas costas esse fardo tão pesado e negativo – perdoar o imperdoável –, permitindo-nos seguir em frente com a vida positiva, saudável, produtiva e afetuosa que planejamos para nós mesmos?

O PERDÃO DO OUTRO LADO

Uma das mais freqüentes fontes de sofrimento trazida por meus clientes é a questão dos assuntos pendentes com algum ente querido que já partiu, deixando neles o medo torturante de não terem sido perdoados por algo que tenha acontecido, como uma discussão violenta, um débito não pago ou uma promessa não cumprida.

Um exemplo clássico é Lauren, que foi ao meu consultório há alguns meses, soluçando sem parar. Ela e a mãe, Eleanor, eram grandes amigas, sempre muito próximas, e quando Eleanor começou a apresentar sinais de problemas de saúde crônicos, ocasionalmente sérios, as duas tiveram várias discussões sobre a inevitável mecânica da morte e do ato de morrer. A mãe de Lauren deixou muito claro que jamais gostaria de ser mantida viva através de aparelhos ou quaisquer outros meios artificiais, arrancando da filha a promessa de nunca permitir que isso acontecesse.

Eleanor parecia estar em boas condições físicas quando a filha partiu para uma longa viagem, e por isso Lauren não tinha como prever que, tão logo o avião decolasse, a mãe teria um problema e seria levada, inconsciente, para uma unidade de tratamento intensivo. Impedidos de se comunicar com Lauren, os médicos entraram em contato com seu irmão, Jay, que chegou ao hospital o mais rápido que pôde, pois morava numa cidade distante. Jay amava muito a mãe, mas, sem saber do pacto entre as duas, concordou em deixá-la ligada a aparelhos, pois esta era a única opção para salvá-la. Quando Lauren conseguiu pegar um vôo de emergência para casa, Eleanor já estava morta, após ter passado as últimas vinte e quatro horas com o corpo ligado a uma série de máquinas que a mantiveram viva.

"Eu não culpo Jay", disse Lauren. "Ele não tinha como saber que mamãe não queria ficar dependente das máquinas. Mas eu sabia. Eu prometi a ela que nunca deixaria isso acontecer. Quebrei a última promessa que fiz à minha mãe e tenho medo de que ela jamais me perdoe."

Eu tive a vantagem de enxergar Eleanor bem ali, ao nosso lado, feliz e saudável por estar de volta ao Lar, radiante pela oportunidade de se comunicar com a filha através de mim, de dizer o quanto a adorava e explicar que o perdão não é problema no Outro Lado, onde o próprio ar que respiramos está impregnado do amor eterno e incondicional de Deus. Ainda que Eleanor não pudesse ter estado conosco naquele momento, eu teria garantido o mesmo a Lauren, como posso assegurar a qualquer um que esteja lutando contra esse medo em relação a um ente querido que partiu: é impossível ao espírito abrigar a idéia de que fizemos algo errado, pois não existe certo ou errado no Outro Lado e, além disso, o espírito nos compreende, zela por nós e nos ama com uma profundidade e uma pureza que só são possíveis no paraíso.

Lembre-se sempre: a dor, as feridas, o ressentimento, os maus-tratos, as críticas, as preocupações, os medos e todas as formas de negatividade são realidades terrenas, obras do ser humano e não de Deus. Nada disso existe no Outro Lado, e é exatamente este o motivo que nos faz vir aqui de tempos em tempos – a Terra é o único lugar onde nossos espíritos podem passar pela experiência de aprender a crescer com as dificuldades. Quando fazemos a transição daqui para lá, somos abençoados com a recordação total de cada momento de cada existência que vivemos, no Lar e na Terra, e de cada lição que aprendemos. O conhecimento volta numa torrente de entendimento. Temos acesso total aos planejamentos de todas as nossas vidas e aos planejamentos de todas as outras pessoas, de maneira a podermos formar uma consciência completa, agradecida e cheia de compaixão do objetivo de nossa presença em suas vidas e do objetivo da presença de cada uma delas na nossa. Enquanto desabrochamos na proximidade da presença de Deus, fazemos uma análise objetiva de cada ato praticado e de cada motivação que contribuiu para formar o que somos. Ali, o perdão não existe, pois *não existe culpa*, apenas um amor eterno e incondicional como o do Pai que nos criou e que deu origem ao nosso espírito.

O PERDÃO DE DEUS

Se vocês não acreditam em nada do que eu lhes disse, creiam nisso: Deus não é mau, vingativo, crítico ou punitivo. Ele é divino, glorioso,

Ele é todo conhecimento, a Fonte da perfeita bondade, alegria, consolo e amor infinito. Em Sua perfeição, não existe raiva, decepção, culpa ou desaprovação. Como todos os sentimentos negativos, esses também foram criados pelo homem, e não por Deus. Por isso, quando fizerem suas orações, não peçam a Ele que os perdoe, mas que os ajude a perdoarem a si mesmos. E, quando colocarem o perdão nas mãos de Deus, deixem claro que não estão pedindo vingança, o que seria impossível, mas que desejam, do fundo da alma, alcançar a paz que somente Ele pode lhes oferecer.

EXERCÍCIO

Visualize o seguinte: à medida que a luz branca do Espírito Santo começa a brilhar ao seu redor, faixas sedosas de outras cores vão aparecendo e se entrelaçando nesse tecido branco: dourado, a luz do seu Messias, roxo, a majestosa luz de Deus Pai, rosa, um vermelho profundo e suave, a luz de Deus Mãe.

Uma por uma, as cores das luzes penetram em você, movendo-se, chegando ao fundo do seu ser, purificando e curando cada célula do seu corpo, procurando a dor de cada ferida que lhe foi infligida, cada ferida que você infligiu e que se esforçou ao máximo para reparar. O maravilhoso rosa da luz de Deus Mãe, o majestoso roxo da luz de Deus Pai, a luz dourada do Messias, o branco puro da luz do Espírito Santo, fundem-se numa espiral que gira com suavidade, reunindo e retirando todos os velhos ressentimentos, os velhos rancores, os velhos conflitos não resolvidos, tudo o que está obstruindo a sua vida. Este brilhante redemoinho de cores transforma a raiva em paz, o amargor em compaixão.

Nos lugares onde o imperdoável subsistir, como uma mancha escura, deixe que a luz roxa de Deus Pai permaneça, tornando-se quente, revolvendo tudo com o seu poder. Veja a escuridão se iluminando, liberte essa mancha com a luz roxa, entregando o indesculpável a Deus. Deixe que Ele perdoe, para você atingir a liberdade e a cura. Agora, a mancha escura do imperdoável já se foi, absorvida pela Sabedoria infinita, e, em seu lugar, fica uma enorme sensação de alívio, sua raiva foi levada embora, deixando lugar para um novo crescimento.

A poderosa luz de Deus funde-se a outras novamente, e juntos, o branco, o dourado, o roxo e o rosa, invadem seu corpo e suas mãos. Você não se move, sentindo cada célula, cada músculo de suas mãos receber o calor curativo, uma cura tão poderosa que todos os que você tocar, todos os que tocarem em você, irão se sentir mais serenos, mais prontos a perdoar e a serem perdoados.

Sinta suas mãos tornarem-se mais quentes. Sinta-as pulsar. Saiba que você recebeu o poder de livrar-se de todos os ressentimentos que carrega e de curar-se com o seu próprio toque, abençoado e sereno. Através do brilhante calor branco, dourado, roxo e rosa, você renova a promessa que fez a Deus quando veio para a Terra, de que este mundo ficaria melhor, mais cheio de compaixão, mais comprometido com a integridade e com a dignidade do espírito do que quando você chegou, contribuindo para que a Terra se torne mais parecida com o Lar pelo qual você anseia e para onde, um dia, irá retornar com júbilo, onde a bondade é tão infinita quanto a própria vida e onde o perdão, assim como a dor que o cria, é apenas uma lembrança distante e sem significado.

À medida que a luz branca do Espírito Santo, a luz dourada do Messias, a luz roxa de Deus Pai e a luz rosa da Deus Mãe vão tomando conta do seu corpo, curando o seu coração e expandindo a sua alma, deixe que elas se tornem um brilho que emana do mais profundo do seu ser, para que, de hoje em diante, você se transforme em um farol de esperança, libertação, clemência e bondade, visível para todas as pessoas através de seus atos. Peça isso em nome de Deus Pai e Mãe, do abençoado Messias e do Espírito Santo, e seja fortificado pelo amor de cada um deles, à medida que for abrindo, lentamente, os olhos.

AFIRMAÇÃO

"Nunca mais deixarei meu espírito ser paralisado e aprisionado pelo ressentimento. Vou perdoar tão rapidamente quanto gostaria de receber o perdão. O que eu não puder perdoar deixarei nas mãos de Deus e seguirei em frente, pois, como meu Pai, ele garantirá meu direito divino de crescer e de ser livre."

CAPÍTULO 6

Alegria e preocupação

Tenho certeza de que, tal como eu, algumas vezes você também acha irritante termos de nos esforçar tanto para encontrar alegria em nossas vidas, enquanto as tristezas e os tempos difíceis conseguem nos tomar de assalto na primeira oportunidade. Pela lógica, isso faz todo o sentido. Optamos por vir aqui para oferecer ao nosso espírito a possibilidade de crescer e se desenvolver, como Francine, minha Guia Espiritual, já me explicou várias vezes quando reclamei que a vida era excessivamente dura e difícil de agüentar. "O que você aprendeu quando as coisas iam bem?", disse ela. Emocionalmente, entretanto, não seria ótimo se, de vez em quando, a alegria fosse tão freqüente e acessível quanto as decepções?

O fato é que, antes de encarnar, todos nós incluímos momentos de alegria em nosso planejamento, pelo menos para nos fazer lembrar do Lar, onde a alegria é constante e eterna. O difícil é saber encontrá-los, pois, quando pensamos em alegria, imaginamos acontecimentos gloriosos e com isso perdemos de vista as pequenas alegrias que se oferecem a nós todos os dias e a capacidade de saboreá-los.

Quero deixar bem claro: por mais que eu queira, não posso lhe oferecer um caminho garantido para a descoberta da sua alegria. O que posso lhe oferecer são instruções para ajudar a encontrar esse caminho, além de identificar alguns obstáculos que devemos evitar durante o percurso.

PREOCUPAÇÕES

Há uma linda história em que Deus, preocupado com a infelicidade de tantos de Seus filhos, juntou num círculo as cem pessoas mais infelizes que pôde encontrar, mandou que elas escrevessem uma lista com seus dez maiores problemas e a jogassem no meio do círculo. Então, todos foram convidados a escolher a lista de problemas que preferiam ter. No final, cada uma das cem pessoas escolheu a lista que ela mesma tinha escrito.

Alegria e preocupação não podem coexistir. Na verdade, uma boa definição de *alegria* é "a ausência de preocupações". Uma das coisas que mais nos preocupa é não saber o resultado de uma situação que estamos enfrentando. Faz parte de nossa natureza querer respostas, ansiar por conclusões e resultados em tudo, desde a doença de um ente querido até problemas de relacionamento, dilemas no trabalho ou na escola. *Tudo*. Queremos conhecer o final até mesmo das piores piadas, detestamos histórias inacabadas, sejam elas interessantes ou não.

O que nos esquecemos a todo instante é que, no detalhado planejamento que elaboramos antes de vir para esta existência, *nós já determinamos todos esses finais*, de acordo com as lições, os objetivos e as finalidades que nos propusemos a cumprir. Já ouvimos milhares de vezes o mesmo clichê: "Cedo ou tarde, tudo acabará bem." Isso é mesmo verdade, pois foi assim que planejamos. Só não é fácil lembrar disso no meio de uma crise e, sinceramente, quando ouço essas palavras na hora errada, tenho que me controlar para não bater em quem as pronunciou. Mas é certo que podemos eliminar boa parte de nossas preocupações através da certeza de que, no final, nossa mente espiritual sempre nos guiará no sentido da mais perfeita conclusão.

Por falar em clichês, eu sempre costumava ouvir "Deus ajuda aos que se ajudam" e "Deixe nas mãos de Deus". Eu pensava: *Qual dos dois está certo?* Essas duas afirmações parecem contraditórias – devemos mergulhar de cabeça e trabalhar para resolver um problema, ou é melhor deitar, colocar os pés para cima e deixar que Deus o resolva? Com o passar do tempo, acabei compreendendo que não há contradição entre as afirmações. Em primeiro lugar, não importa qual seja a situação, temos o dever de fazer tudo o que estiver ao nosso alcance para encontrar a solução que buscamos. Quando então nos convencemos de que usamos todos os nossos recursos, precisamos permitir que as coisas caminhem por si mesmas – e esta é a entrega nas mãos de Deus – até a solução que, orientados por Ele, planejamos antes de entrar neste mundo.

Um dos exemplos mais reais e admiráveis do "Faça tudo o que for possível, depois, deixe nas mãos de Deus" é o de uma cliente com um nome bastante apropriado: Hope, que significa esperança. Ela estava apaixonada e planejava um futuro ao lado de Victor, um homem divorciado há mais de um ano, que tinha a custódia dos três filhos pequenos. Entretanto, sem que ninguém esperasse, a ex-esposa de Victor apareceu em busca de reconciliação, usando as crianças como desculpa, quando o que acontecera é que o homem por quem ela abandonara o marido e os filhos a tinha deixado. A idéia de dar aos filhos a oportunidade de viverem perto da mãe e a romântica noção de uma segunda chance fizeram com que Victor se convencesse a permitir a volta da mulher para casa, embora ainda amasse Hope e quisesse ficar com ela. Na última conversa que tiveram antes da sessão em meu consultório, minha cliente disse a ele que o amava, que sentiria falta dele, mas que só voltariam a se falar quando ele estivesse pronto para assumir um verdadeiro compromisso, com ela ou com a ex-mulher, pois não estava interessada em ter somente uma parte do coração de Victor. Uma sábia mulher, que respeitava a si mesma o bastante para exigir que ele a respeitasse. Mas era também um ser humano que queria desesperadamente saber como Victor e sua ex-mulher estavam se relacionando, se voltariam a se separar, se ela resistiria à tentação de telefonar para ele ou de se encontrar com ele "por acaso". Eu lhe fiz uma única pergunta: "Alguma coisa ficou por ser feita ou dita entre vocês?" Hope pensou um pouco e respondeu que não. Como eu podia ler o planejamento de Hope, então lhe disse: "Se você o quiser temporariamente, pode fazê-lo sentir-se culpado e contar o quanto se sente infeliz sem sua presença. Você estará usando o mesmo truque da ex-mulher. Se quiser tê-lo permanentemente e pelos motivos certos, deixe-o sozinho, ocupe-se de sua própria vida e permita que ele esqueça a outra. Mais importante ainda, faça-o perceber o vazio que a sua ausência provoca." Em outras palavras, entregue-o nas mãos de Deus. Achei que, assim, ele voltaria dentro de seis meses. Hope me disse que era difícil para ela ficar parada, mas eu a convenci de que muitas vezes, como nesse caso, não fazer nada é fazer *alguma coisa*, e ela foi embora com "Entregue nas mãos de Deus" escrito num pedaço de papel, para colocar ao lado do telefone se a tentação reaparecesse nos meses seguintes. Ela deixou Victor sozinho e realmente fez alguma coisa ao não fazer nada, mas eu havia me enganado: ele só demorou quatro meses e meio para voltar.

Não estou lhe contando nenhuma novidade quando digo que o excesso de preocupação, além de se colocar entre nós e nosso potencial para a alegria que planejamos, não leva a absolutamente nada. Acredite, sei disso por experiência própria. Mas venho melhorando nos últimos anos, porque coloquei como prioridade procurar substituir o hábito de preocupar-me pelo hábito de dar os três passos seguintes sempre que me sinto tentada a sucumbir à preocupação:

Lembre-se que a preocupação é uma manifestação do seu medo por não saber o final da história ou da situação que está enfrentando no momento. Mas a verdade é que você já escreveu esse final no seu planejamento e a solução acabará beneficiando você, ajudando no seu crescimento e bem-estar.

Tenha certeza de que fez tudo o que era possível, de maneira produtiva, para alcançar o final feliz que todos almejamos.

Então, entregue nas mãos de Deus.

A história com a qual iniciei este capítulo inspirou-me a criar um exercício que, sem dúvida, irá ajudar você a livrar-se do hábito de preocupar-se e também vai lhe ensinar mais a se conhecer.

Sente-se num lugar silencioso, com uma caneta e uma folha de papel, e faça uma lista de tudo o que está lhe causando preocupações, do mais importante ao mais corriqueiro. Use a maior sinceridade e honestidade, anote mes-

mo as pequenas preocupações e não pare enquanto a lista não estiver completa. Guarde-a num envelope e escreva por fora a data. Depois, visualize o envelope sendo envolvido com a luz branca do Espírito Santo e reze: "Querido Deus, por favor, faça com que o conteúdo deste envelope se dissipe na luz divina e branca da paz, e ajude-me com Seu amor e infinita bondade. Amém." Coloque o envelope num lugar seguro onde você não possa vê-lo e nem se lembrar de sua existência, mas onde seja fácil encontrá-lo quando chegar a hora. Marque uma data dentro de seis meses em sua agenda para abrir o envelope, indicando o lugar em que o guardou.

Acredite em mim: você terá uma surpresa ao constatar quantas situações naquela lista resolveram-se aparentemente por si mesmas e, mais do que isso, quantas delas você nem sabe mais por que lhe causavam preocupação. Quanto mais você fizer esse exercício, menos a preocupação se tornará um hábito em sua vida, o que fará com que você dê mais um passo na direção da alegria que merece.

VIVA AQUILO EM QUE VOCÊ ACREDITA

"Viva aquilo em que acredita" parece óbvio demais. O impulso imediato é responder "Quem não faz isso?" e passar para o próximo assunto. Mas quando você realmente começar a pensar nisso, tenho certeza de que perceberá que poucas pessoas que conhece vivem mesmo aquilo em que acreditam, e por isso causam a si mesmas uma série de conflitos desnecessários, criando ainda mais obstáculos no caminho que leva à alegria.

Nós não viemos aqui apenas com o conhecimento adquirido em nossas vidas passadas e em nossas vidas no Outro Lado. Nós chegamos aqui com crenças profundamente arraigadas, que fazem parte do âmago do planejamento que elaboramos para esta existência. Infelizmente, a balbúrdia da Terra, os comportamentos que nos influenciam e os dogmas que nos são impostos como sendo a "verdade" podem obscurecer esses benefícios se não formos cuidadosos ao ouvir nosso espírito, nosso Guia Espiritual e as vozes de entes queridos do Lar. Quando o que fazemos não está em harmonia com aquilo em que acreditamos, é sinal de que não estamos seguindo o nosso planejamento, e estar fora dele é uma maneira garantida de impedir o acesso à alegria e à paz de espírito que, para mim, é o nome da felicidade.

A maneira mais fácil e rápida de determinar se estamos vivendo de acordo com aquilo em que acreditamos é fazer uma lista detalhada dos nossos comportamentos, mesmo daqueles de que não gostamos, e depois acrescentar as palavras *Eu acredito* antes de cada afirmativa. Aqui estão alguns exemplos, apenas para lhe dar uma idéia:

Eu acredito que se for à igreja/templo/sinagoga todos os domingos posso me considerar uma pessoa religiosa, não importa o quanto eu possa ser preconceituoso, desonesto, rude, agressivo, egoísta, ganancioso ou impiedoso no resto da semana.

Eu acredito que posso destratar as pessoas com quem convivo e depois castigar meus filhos quando eles forem desrespeitosos comigo.

Eu acredito que é perfeitamente aceitável falar mal de meus amigos pelas costas.

Eu acredito que trair a confiança daqueles que me amam é aceitável, desde que eles não descubram ou que eu possa mentir sobre o que fiz.

Eu acredito que não há mal algum em desrespeitar a lei de vez em quando, principalmente se for um crime "sem importância", como fraudar um documento ou subornar um policial.

Eu acredito que tenho o direito de virar as costas para meus filhos se algo ou alguém mais interessante e menos exigente surgir em minha vida.

Bem, já deu para você ter uma idéia. Lembre-se que as pessoas com quem convive se baseiam sobretudo em suas atitudes – muito mais do que em suas palavras – para concluir quem você é e quais são os seus valores. É possível que o conceito que elas têm de você não seja aquele que você desejaria. Não acredito que, dessa forma, você encontre a alegria que procura, por mais que se considere uma pessoa esperta e cheia de riquezas. Em sua divindade interior, você sabe o que é certo e verdadeiro, e que só será verdadeiramente feliz quando harmonizar seus atos com essa crença mais profunda. Nunca é tarde para que você se torne um depoimento vivo de tudo o que, em sua divindade interior, acredita. Assim, entrará em sintonia com os objetivos que planejou e este fato trará alegria ao seu espírito, ajudando a aplacar a saudade do Lar.

ADIANDO A ALEGRIA

Todos nós já caímos nessa armadilha alguma vez, quando afirmamos "Eu serei feliz quando..." ou "Não serei feliz enquanto...". Condicionar a nossa alegria a algum evento futuro, como se ele fosse o único capaz de satisfazer nossa busca pela felicidade é um outro mau hábito. O pior é que, no momento em que o "quando" ou o "enquanto" acontecem, eles não se mostram tão significativos quanto esperávamos, ou já temos outros problemas que acabam por obscurecer o "quando" ou o "enquanto", a ponto de mal percebermos a sua presença.

Por que agimos assim? Por que adiamos algo que afirmamos desejar tanto?

Um dos motivos pode parecer estranho, mas já o presenciei muitas vezes: muitas pessoas têm medo de experimentar um único instante de alegria porque temem o momento em que ela não existirá mais ou por não saber lidar com ela. É triste observar como é comum uma pessoa encontrar alívio nos problemas e decepções, a ponto de procurar por eles, apegar-se a eles e prolongá-los apenas para ter a falsa sensação de segurança que a identidade de sofredores lhes dá. Tive muitos clientes que se mostravam muito mais receptivos às más notícias que eu era obrigada a lhes transmitir do que às boas, que estariam ao alcance deles no futuro, se parassem de boicotar a si mesmos antes de chegar lá. É a versão emocional de alguém que vive num canto do porão por temer que um furacão aconteça. Sim, talvez o canto do porão lhe dê mais segurança, mas, além de o furacão ser uma remota possibilidade, é um absurdo deixar de usufruir um dia glorioso de sol.

Existe também uma tendência a adiar a alegria por não sabermos onde encontrá-la e então achar que é mais fácil e cômodo adiar essa procura até um outro dia ou mesmo desistir de vez. Muitas vezes achamos que as outras pessoas têm acesso à alegria e presumimos, incorretamente, que elas têm algo que não possuímos – só precisamos daquele bilhete de loteria, daquela promoção no trabalho, daquele relacionamento, daquele automóvel, daquela jóia maravilhosa, daquele minuto de fama, daquela casa dos sonhos, e seremos tão felizes quanto elas. Quase acho inútil repetir uma coisa que você já ouviu milhões de vezes: algumas das pessoas mais infelizes que conheço possuem todos esses itens e não se sentem satisfeitas. Mas o que gostaria de salientar, por ser verdade, é que a única perda de tempo na busca pela alegria é procurar por ela em algum lugar "do lado de fora". A alegria está dentro de nós, esperando que notemos a sua presença. Ela está em nossa própria divindade interior, em nossa alma sábia e eterna, que sabe que a alegria depende muito pouco de circunstâncias externas. É claro que elas podem trazer momentos de alegria, mas a alegria mais profunda é a soma de momentos, mesmo os mais breves, em que estamos em tal harmonia com nosso planejamento e com nosso Pai divino, que somos inundados por uma imensa paz e uma serena euforia.

Existe uma tradição na minha família que nos ajuda a estar abertos para reconhecer e acolher esses momentos de alegria e fico muito feliz ao perceber que a tradição também está se repetindo com meus netos, pois é um hábito que ficará com eles para sempre. Foi originalmente inspirada pela existência da Máquina de Exame de Vida. Esta máquina é uma de nossas primeiras paradas no Outro Lado, e nela podemos assistir a cada um dos instantes de nossas vidas e, se quisermos, da vida de nossos entes queridos. Pensando nisso, sempre que há um momento especial de alegria, uma sensação de estar diante da visão de algo ou de um sentimento extremamente especiais – e não é necessário que sejam grandes coisas –, um de nós sempre diz para o outro: "Tome nota disso." O que significa: "Aqui está algo que gostaríamos de ver e rever na Máquina de Exame de Vida."

Como eu disse no início deste livro, sou uma pessoa abençoada, com uma vida extremamente interessante, que pode causar inveja a muitos (se não prestarem cuidadosa atenção). Mas vou lhes contar qual foi meu mais recente momento de "tome nota disso": a visão de minha neta de sete anos, Angelia, cercada de seu adorado bando de cachorrinhos, completamente absorvida pela tentativa de construir alguma coisa, inexplicavelmente vestida de malha de balé e tutu, usando óculos de natação. Ela não percebeu quando eu e meu filho, Chris, começamos a observá-la, e continuou ali, muito ocupada, executando o trabalho com o maior encantamento. Então, Chris sussurrou "Tome nota disso" no exato momento em que eu estava abrindo a boca para dizer o mesmo. Posso ter tido uma carreira de sucesso, livros que se tornaram best-sellers, viagens por todo o mundo – mas, diante daquela visão simples, supostamente corriqueira, senti-me tomada da alegria mais pura e absoluta. Acho que nenhum outro momento de minha vida terá sido guardado com mais amor.

Quando começar cada novo dia, faça o propósito de estar alerta para cada acontecimento ou sentimento de que deseja tomar nota para reviver um dia na Máquina de Exame de Vida. Anote-os num diário, se quiser – o que quer que seja necessário para iniciar o hábito de acolher a alegria e não as tristezas, para deixar de lado o "quando" ou "enquanto" e para usufruir o agora, o hoje, aquilo que está dentro de você, esperando o momento de ser descoberto.

DÊ AQUILO QUE LHE FOI NEGADO

Há pouco tempo atendi uma cliente que, em vez de ter uma sessão, preferiu passar todo o tempo da entrevista contando como sua vida era triste, incompleta e injusta. Quando, finalmente, me deu a chance de falar umas poucas palavras, eu disse que ela deveria "dar o que lhe tinha sido negado", ao que ela logo respondeu, demonstrando impaciência: "O que me negaram foi dinheiro. Como é que vou dar dinheiro a alguém, se tenho tão pouco?"

Acredite, com aquela negatividade e determinação em ser vítima, eu sabia que dinheiro era a última de suas necessidades na vida. Mas ela não parecia disposta a permitir que eu a ajudasse e, como havia várias pessoas me aguardando na sala de espera, pessoas dispostas a atingir algum objetivo, levantei-me, devolvi o valor que cobrara pela consulta e disse: "Pronto. Você agora tem dinheiro. Está vendo como funciona depressa?" Ela ainda estava em estado de choque quando a conduzi até a saída.

Jamais vou afirmar que dinheiro não é importante. Entretanto, quando penso nos momentos de verdadeira alegria em minha vida, percebo que o dinheiro não teve nenhuma participação neles. O que eu estava tentando demonstrar àquela cliente viciada em tristezas era que existem vazios na vida que, quando se enchem, são realmente capazes de alimentar o espírito com a alegria que ele tanto deseja.

Se por acaso a sua primeira resposta a "dar o que lhe foi negado" for "Por que deveria dar alguma coisa se ninguém me dá nada?", fique sabendo que é exatamente por isso que as pessoas não têm o que desejam. Se cada um de nós parasse de pensar dessa maneira por pelo menos um mês, posso jurar que veríamos uma mudança absolutamente impressionante neste mundo.

Dar aquilo que lhe foi negado é muito simples e, melhor ainda, dá certo, pois é uma expressão ativa da verdade universal do carma, ou equilíbrio de experiências, ou do "colhemos o que plantamos". Aqui estão apenas alguns exemplos:

Se você precisa de um amigo, seja amigo. Garanto que alguém que você conhece precisa, neste exato momento, de alguém em quem possa confiar, alguém com quem possa falar, um ombro amigo, alguém com quem rir. Seja esse amigo.

Se você está só, acabe com a solidão de alguém. Há um hospital, um asilo ou um orfanato perto de você? Há alguém ali dentro que nunca recebe visitas, nunca tem alguém com quem conversar, nunca recebe um cartão, uma flor, um livro, um brinquedo? Seja esse visitante.

Se você está com fome, alimente alguém. Sempre que for ao mercado, compre um item não perecível e vá guardando num lugar separado.

Então, uma vez por mês, anonimamente, entregue esses produtos num orfanato, na casa de alguma família que você conhece e que está passando necessidades, em alguma organização beneficente. Quanto mais fome sentimos, mais difícil é acreditar em anjos. Seja esse anjo.

Se você está de luto, ofereça consolo a alguém. Na sua igreja, na sua vizinhança, em seu círculo de amigos ou grupo familiar, até mesmo na Internet existe alguém que sofre a mesma dor da perda que você sente agora, alguém que precisa ser abraçado e consolado por quem entenda que não é necessário passar por tudo isso sozinho. Seja esse conforto.

Acho que com esses exemplos você entendeu o que estou falando. Qualquer um que já pratica "dê aquilo que lhe foi negado" vai concordar comigo quanto ao fato de que não há alegria maior do que preencher o vazio da vida de uma pessoa, o mesmo vazio que você sentiu ou sente na sua vida. Pode parecer até egoísmo, mas você acabará recebendo dez vezes mais do que ofereceu.

TENHA UM SONHO, QUALQUER SONHO

Uma de minhas clientes mais inesquecíveis foi uma animada senhora de sessenta e oito anos chamada Elizabeth. Ela estava prestes a fazer uma longa viagem pela África e queria ter certeza de que seus filhos e netos ficariam bem na sua ausência. Surpresa e encantada, eu lhe transmiti o que via: "Você vai para o Egito. Para *trabalhar.*" Ela abriu um largo sorriso. Contou-me que acabara de se formar em arqueologia e tinha causado tamanha impressão em seu professor que ele a convidara para uma escavação que planejava há seis anos. "Sou fascinada por arqueologia desde criança. Não sei dizer por que", ela me falou. "Eu sei", respondi. "Essa era a sua profissão no Outro Lado." Minhas palavras não a surpreenderam nem um pouco. Ela me contou que, quando se formou no segundo grau, não tinha dinheiro para cursar uma faculdade e realizar seu sonho. "Além disso, meus pais me diziam que eu não era inteligente o bastante para freqüentar uma faculdade e, por isso, estaria apenas perdendo tempo. Meu marido, já falecido, deve ter me repetido mil vezes que lugar de mulher é em casa. E meus filhos e netos há anos me dizem que sou muito velha para tudo isso." Perguntei a Elizabeth como conseguira evitar que todo esse estímulo negativo a desencorajasse. Ela respondeu num piscar de olhos: "Foi fácil. Não acreditei neles." Ainda tenho comigo o cartão-postal que ela me enviou do Egito dois meses depois, contando que estava vivendo os melhores dias de sua vida.

Elizabeth é um maravilhoso exemplo da recusa em aceitar estímulos negativos, o que eu chamo de "determinismo". Determinismo é aquela lista ridícula de falsas "verdades" a nosso respeito que algumas pessoas insensíveis usam para tentar limitar nossa autoconfiança e *predeterminar* nosso fracasso. "Você não é inteligente o bastante", "seu lugar é dentro de casa" e "você está velha demais" definem o determinismo de maneira muito clara, assim como algumas afirmações peremptórias que minha mãe costumava fazer sobre mim, inclusive a minha favorita: "Enfrente a verdade, Sylvia, você jamais terá uma profissão."

Mais importante ainda é o fato de Elizabeth ser um exemplo brilhante da total alegria que encontramos ao realizar um sonho – ela é uma das pessoas mais alegres e entusiasmadas que já conheci. É em sua homenagem que ofereço o último exercício deste capítulo, apenas mais um passo gigantesco, porém simples, no caminho que nos leva à alegria tão desejada.

EXERCÍCIO

Quero que você anote cada afirmação negativa e desestimulante que já ouviu ou que já disse para si, tudo aquilo que, até hoje, faz você se sentir incompetente, inferior e incapaz. Depois, pegue essa lista, rasgue-a em pedacinhos e jogue-os na primeira lata de lixo que encontrar, repetindo em silêncio ou em voz alta: "Eu não acredito mais nisso. Foi Deus quem me criou e Deus não cria lixo."

Agora, livre dessa carga, quero que você faça uma lista de cada sonho seu, desde o mais remoto que for capaz de lembrar. Tanto os importantes quanto os fúteis, os improváveis, anote-os todos, sem julgá-los, mesmo que seja o sonho de se tornar um astronauta, fazer pesca submarina, ser presidente de seu país ou ler a obra completa de Shakespeare. Elimine os que já não lhe interessam mais e acrescente os que lhe ocorrerem enquanto escrever. Quando a lista ficar completa – faça-a, eu posso jurar que você vai me agradecer mais tarde –, escolha o sonho que lhe parecer mais acessível e corra atrás dele com toda a paixão que existir dentro de você. Não ouse desistir enquanto não realizar esse sonho e, então, volte para a lista, desenhe uma estrela ao lado do sonho realizado e escolha o mais acessível entre os que restaram. No final, você pode terminar com uma única estrela ou com a folha de papel repleta delas. Não importa, tenha orgulho do que conseguiu realizar, agradeça a si mesmo pelo sonho realizado e, acima de tudo, celebre, do fundo de sua alma, a extrema alegria de saber que foi por amor a si mesmo e à sua divindade interior que você tentou.

AFIRMAÇÃO

"Sinto a luz dourada do meu Deus Pai brilhando em mim, uma dádiva de Seu amor eterno e incondicional, pela qual agradecerei de hoje em diante, buscando e compartilhando a alegria que conheci e que voltarei a conhecer em Sua presença no Outro Lado, quando o meu propósito aqui na Terra estiver concluído."

CAPÍTULO 7

Livrando-se da culpa

A culpa é uma força complicada e incrivelmente poderosa. Um pouco de culpa pode ser saudável se for apenas a consciência de responsabilidade. Em demasia, é altamente destrutiva. A ausência de culpa – ainda no sentido de senso de responsabilidade – é espiritualmente desastrosa.

Algumas religiões baseiam-se mais na culpa do que na fé, pois a culpa é uma forma mais eficaz de manter o poder. Muitos relacionamentos sobrevivem unicamente através da culpa, depois que o amor acabou, e, no que se refere a táticas de manipulação, a culpa está, sem dúvida, entre as duas ou três mais populares. Por isso é fundamental assumirmos a responsabilidade pelos nossos erros, para repará-los, mas eliminarmos totalmente a culpa.

A AUSÊNCIA DE CULPA

As pessoas que jamais sentiram e jamais sentirão culpa e nem qualquer outra emoção verdadeiramente humana formam o que se chama de o Lado Negro, sobre o qual falo extensamente em meu livro *O Outro Lado da Vida*. Em termos psiquiátricos, são os sociopatas e os psicopatas, pessoas sem remorso e sem moral, destituídas de consciência, intratáveis, pérfidas e imunes a qualquer esforço de reabilitação, já que é impossível reabilitar uma pessoa cujo único intuito na vida é impedir que qualquer luz cruze o seu caminho.

Se você já ouviu ou leu sobre minha aversão ao Lado Negro, também conhecido por "entidades negras", provavelmente repetirá comigo: *Deus não é culpado pela existência do Lado Negro*. E é importante que isso fique claro. As entidades negras são ímpias, não porque Deus as tenha criado assim ou porque Ele tenha se afastado delas, mas porque elas tomaram a decisão consciente de se afastar de Deus, nesta ou em alguma vida passada.

Seria ótimo poder afirmar que as entidades negras são raras ou que é fácil reconhecê-las no instante em que as vemos. Infelizmente, porém, é provável que você tenha uma delas em sua vida neste exato momento ou que esteja tentando se recuperar do que uma delas lhe fez, esforçando-se ao máximo para descobrir onde você errou. As entidades negras não costumam se apresentar como monstros de bigodes retorcidos, olhar exaltado e gargalhada perversa. Somente uma minoria se encontra nas prisões ou possui ficha criminal, pois sua destruição se dá mais no nível espiritual. Como elas só podem nos ferir física ou emocionalmente quando nos aproximamos delas, nos primeiros contatos essas pessoas costumam se mostrar as mais atraentes e sedutoras que já conhecemos, dando-nos a impressão de que temos muito em comum. Não percebemos que fomos manipulados para ter essa impressão. Somente após conquistarem nossa confiança é que elas começam a revelar que não passam de habilidosos atores e atrizes, capazes de reproduzir o comportamento humano sem senti-lo, donas de uma frieza brutal, capazes de qualquer crueldade, agressividade e desvios de comportamento para nos fazer sentir impotentes e extinguir nossa luz, ajudando-as assim a espalhar ainda mais a escuridão pelo mundo.

Nós, entidades de luz, cometemos dois erros muito comuns ao perceber que permitimos a aproximação de uma entidade negra. Um deles é lembrar com saudade o quanto elas eram meigas, sensíveis e atenciosas no início, e ter a falsa crença de que, se nos comportarmos bem e demonstrarmos todo o nosso amor, poderemos trazer de volta aquele comportamento inicial. A realidade é que o tal comportamento amoroso não passava de uma brilhante sedução para nos atrair e nos fazer aceitar a aproximação, e essas entidades só voltarão a assumi-la se imaginarem que estamos começando a perceber o seu jogo e tentando nos afastar. O outro erro é cair na armadilha de acreditar que é nossa missão, como seres espirituais que crêem em Deus, entendê-las, mudá-las e até salvá-las de si mesmas. Acredite em alguém que tentou mais de uma vez resgatar uma entidade negra e quase se destruiu durante o processo: não perca nem mais um minuto de seu tempo, sua energia, seu bem-intencionado espírito, seu bondoso coração. Faça como Cristo nos disse: "Limpe a poeira dos seus pés e siga em frente." Não é que o Lado Negro seja mais poderoso do que nós. *Não é.* O problema é que, para vencer as entidades negras em seu próprio jogo, teríamos que abandonar Deus, nossa fé, nossa consciência, o que nos faria exatamente iguais a elas e então, adivinhe – elas seriam as vencedoras.

Mas não se preocupe, pois elas acabam recebendo o que merecem quando esta existência chega ao fim. Em vez de ir para o Lar, o paraíso abençoado, e ficar entre os entes queridos, Guias Espirituais, Anjos, na divina presença de Deus, elas seguem para um lugar chamado Porta Esquerda e retornam imediatamente ao útero para começar uma nova vida sem ter aprendido nada.

Recentemente ouvi uma entrevista com Mark Klaas, cuja filha pequena fora assassinada de maneira brutal por um homem a quem não darei a honra de escrever o nome. Perguntaram a esse pai se ele perdoaria o assassino. Ele respondeu: "Não, isso nunca acontecerá. Mesmo porque tenho certeza de que ele iria zombar do meu perdão."

Tenho a mesma certeza. E esta é a melhor descrição de ausência de culpa do Lado Negro que ouvi até hoje.

LIDANDO COM A CULPA

Agora que aprendemos a ser gratos por nossa capacidade de sentir culpa – não nos torturando, mas assumindo a responsabilidade –, podemos explorar o triste fato de que a maioria de nós a sente muito mais do que deveria ou seria necessário. Quando digo "nós", estou realmente me incluindo. Não me lembro da última vez em que entrei num avião sem me sentir a pior das criaturas sobre a Terra, com o choro dos meus netos ecoando em meus ouvidos: "Não, vovó, por favor, não vá embora!" Você vai achar que eu não sei muito bem que daí a meia hora logo estarão rindo, nadando e brincando com seus bichinhos de estimação antes mesmo de o avião decolar. Por falar em animais, também não consigo fugir da culpa quando os deixo num canil antes de viajar e percebo neles aquele olhar de tristeza com o qual me acusam de abandono e traição.

Mas eu sei que me sentiria muito mais culpada se não cuidasse direito dos cachorros ou se passasse a meus netos a mensagem de que compromissos e responsabilidades são tão sem importância que podem ser esquecidos ao menor sinal de lamúria.

A culpa que todos nós experimentamos de vez em quando, com a qual é muito mais difícil lidar, é a culpa por um momento perdido, por uma atitude de indiferença, por algo que fizemos ou deixamos de fazer, algo que dissemos ou deixamos de dizer, momentos que imprimem uma prolongada sensação de dor emocional e que, de alguma maneira, têm uma conseqüência e um impacto inevitáveis. Correr em busca da culpa, abraçá-la e entregar-se a ela corresponde a amarrar um peso em nosso espírito, prendendo a nossa vida numa cela de dor, onde o sol não pode entrar. Somos nós mesmos que nos prendemos e somos nós os únicos que possuem a chave para nos libertar.

Lembre-se, estamos aqui por uma única razão: aprender lições para o desenvolvimento de nossa alma, como parte de nosso compromisso com Deus. Cada gota de culpa não resolvida que carregamos é mais uma lição que não aprendemos, e não podemos continuar o nosso aprendizado enquanto não tivermos aprendido as lições com as quais já nos defrontamos. Assim, desenvolver a habilidade de nos libertar da culpa, seja ela justificada ou não, é essencial para o sucesso de nosso espírito nesta existência.

A diferença entre a culpa justificada e a injustificada pode ser resumida em uma palavra: *intenção*. Se o que faz você sentir culpa é algo que você sabia que iria ferir alguém, mas fez assim mesmo, por ganância, ciúme, egoísmo ou pura maldade, então você *deve* mesmo sentir-se assim. Você *tem* culpa. Como dissemos no capítulo sobre o perdão, podemos aprender com a experiência assumindo-a e progredindo com ela, ou podemos nos esconder dela, negá-la, colocar a culpa no outro e ter a certeza de que iremos repetir o mesmo erro muitas e muitas vezes.

Por outro lado, se você sente culpa em relação a algo no qual sua intenção era sincera e inocente, e a dor que resultou foi totalmente involuntária, por amor a Deus e a si mesmo, desligue-se dessa culpa, coloque-a no passado. Eu descobri uma técnica muito simples que me ajuda a fazer isso, embora tenha levado algum tempo para fazer dela um hábito. Ela pode ajudar você também, caso se disponha a segui-la e a mantê-la.

A primeira vez que tentei essa técnica conscientemente foi há alguns anos, no hospital onde meu pai morreu. Papai estava muito doente e eu sabia que nosso tempo juntos se esgotava. Eu estivera ao lado de sua cama durante vários dias, mas em determinado momento decidi sair do quarto para beber água. Naquele instante em que ficou sozinho, meu pai morreu. Minha culpa foi quase tão angustiante quanto a minha dor por perder aquele homem incrível, mágico, o meu melhor amigo, meu divertido e dedicado pai. Por que não esperei mais cinco minutos para sair do quarto? A pessoa que eu mais amava, e eu não estava ao seu lado quando ele deu o último suspiro. Como é que uma médium tão famosa não foi capaz de sentir que não poderia ter se afastado naquele momento? No meio daquele mar de tortura, porém, lembrei-me de algo que Francine, minha Guia Espiritual, me dissera em relação a um outro assunto e, do fundo de minha alma, gritei de repente a palavra "Pare!". Um grito silencioso, mas alto o suficiente para abafar todas aquelas acusações e perguntas absurdas e irrespondíveis, substituindo-as por afirmações mais lógicas e verdadeiras. Eu tive a intenção de sair do lado da cama de meu pai sabendo que ele ia morrer naquele exato momento? É claro que não. Se eu soubesse que o momento seria aquele, eu teria esperado? É claro que sim. Meu pai, que tinha tanta certeza do meu mais profundo amor, entenderia que foi um acidente? Não havia a menor dúvida de que ele entenderia. Nos anos que se seguiram, tive algumas recaídas e quis retomar o caminho da culpa, mas aquele grito silencioso, "Pare!", está se tornando cada vez mais eficaz.

Essa técnica do "Pare!" também funcionou bem para muitos de meus clientes que carregavam consigo culpas injustificadas. Um deles era Tracy, que também serve de exemplo para mostrar como a culpa pode ser usada para manipular alguém de maneira cruel, se nos deixarmos levar por ela. A mãe de Tracy, Helen, era, para dizer o mínimo, um ser humano desprezível e perverso. O pai de Tracy abandonara mulher e filha quando Tracy tinha apenas dois anos e, sinceramente, se uma criança não estivesse envolvida na história, eu ficaria tentada a perguntar por que ele demorara tanto. Helen decidiu que Tracy era a culpada pelo abandono e fez a filha refém dessa culpa. Segundo Helen, Tracy tinha um débito para com ela que jamais poderia pagar e, por mais que se esforçasse, a filha nunca parecia ter feito o bastante. Tracy era bem-sucedida em termos profissionais e morava num modesto apartamento alugado, mas comprou um maravilhoso imóvel para a mãe, que reclamava de tudo desde o dia em que se mudou para lá. Tracy trocava o carro da mãe a cada dois anos, mas o carro novo nunca era bom o suficiente: grande demais, pequeno demais, rápido demais, lento demais, vermelho demais, azul demais. Como sempre incluía a mãe em sua vida social, Tracy chegava a se indispor com os amigos, pois Helen só ficava satisfeita depois de ter ofendido todos os que discordavam de suas idéias. Como golpe final, Helen surpreendeu a filha oferecendo-se para lhe preparar um jantar de aniversário. Tracy chegou à casa da mãe na hora combinada, levando flores e vinho, e encontrou-a morta – suicidara-se da maneira mais agressiva que conseguira imaginar.

Quando Tracy entrou em minha sala, dois meses após o suicídio da mãe, seu problema ultrapassava a culpa com que tinha sido alimentada constantemente durante toda a vida. Sem se dar conta de que tudo fora uma escolha da mãe, ainda se torturava, querendo descobrir por que nunca conseguira fazer a mãe feliz, por que não pôde evitar que ela cometesse suicídio – e, finalmente, ela admitiu com enorme dificuldade, que tipo de monstro ela deveria ser para, em seus momentos mais íntimos, sentir um certo alívio pelo fato de a mãe não estar mais por perto. Jamais me esquecerei da expressão assustada de seu rosto quando eu disse: "Minha mãe também era uma entidade negra. Sentimos alívio com sua partida porque não somos masoquistas. Como diz sempre a minha Guia Espiritual: 'Só precisamos honrar pai e mãe quando eles são *dignos de honra*.'" Mais tarde, Tracy me disse que era a primeira vez que ela ria depois de um longo tempo e era a primeira vez em sua vida que ria da própria mãe.

De qualquer maneira, além de ensinar a Tracy o exercício que você vai encontrar no final deste capítulo, também lhe falei da técnica de dizer "Pare!" sempre que se esquecesse dos cuidados que dedicou a uma mulher que nove entre dez pessoas teriam abandonado há muito tempo. Ela prometeu tentar, tornou-se cada vez mais competente nessa técnica, e eu fiquei extremamente feliz ao receber um cartão dela, meses atrás, contando que acabara de adotar um bebê e que estava determinada a se tornar a mãe mais carinhosa, dedicada e amorosa deste mundo. Sabendo que eu mesma consegui ser uma mãe muito melhor, apenas me lembrando do exemplo de minha própria mãe e fazendo tudo ao contrário, não tenho dúvida de que ela vai conseguir.

Se você está lutando contra a culpa, mesmo tendo consciência de que fez o melhor que pôde em determinada situação e que não tinha intenção de ferir ninguém, grite "Pare!" no momento em que a primeira palavra de dúvida entrar em sua mente. Você terá uma surpresa agradável ao ver com que rapidez conseguirá quebrar o hábito da culpa injustificada, nem que seja pelo cansaço de se ouvir gritando "Pare!".

VINGANÇA

Por mais frustrante que possa ser, saiba que a vingança é uma das mais autodestrutivas fontes de culpa às quais podemos nos entregar e a que mais nos faz perder tempo. Talvez você conheça a minha citação favorita sobre esse tema, um velho ditado chinês que diz: "Quando você busca a vingança, pode estar cavando duas covas – uma para o seu inimigo e outra para você."

Sei exatamente o quanto pode ser tentadora a idéia de vingança. Em sessenta e quatro anos de vida, recebi o meu quinhão de sofrimento, traição e truques sujos, e fantasiei várias maneiras inteligentes e diabólicas de me vingar. Acabei descobrindo que, quando alguém nos faz mal sem que tenhamos feito nada para merecer, *já* estamos vingados. Aquele que nos fez mal é que tem um carma para resolver, e agradeço, mas não quero isso para mim.

Um dos piores aspectos da vingança é que ela nos liga ao ofensor, exigindo que dediquemos muito tempo e energia à pessoa que nos fez mal e que, sem dúvida, é o último ser vivo sobre a Terra que merece o nosso simples olhar. E ainda é possível que essa pessoa se sinta lisonjeada por receber atenção, positiva ou negativa, de nossa parte. Será que queremos acrescentar essa afronta à injustiça sofrida, dando importância a alguém que nos maltratou?

Além de tudo, muitas formas de vingança são contra a lei e "Eu estava perturbado" ou "Ele mereceu" não são defesas sustentáveis num tribunal. Já recebi inúmeros clientes que tentavam recuperar-se não apenas do mal que sofreram, mas também das conseqüências legais e financeiras e da culpa resultante de esforços impulsivos e desastrados de vingança. Sentiam-se duplamente agredidos diante de um juiz que lhes ordenava pagar por pneus que rasgaram, roupas que queimaram, computadores que quebraram ou pelos constrangimentos que causaram, enquanto a pessoa que os agrediu colocava-se como vítima aos olhos da lei. Depois de cometer um ato de vingança, nove em cada dez desses clientes afirmaram: "Sinceramente, preferia não ter feito isso. Agora estou me sentindo igual à pessoa de quem queria me vingar."

Jamais confunda a palavra vingança *com a palavra* justiça. Da mesma forma que acredito em não perder tempo ou trabalho e em não correr o risco de ser processada devido a uma vingança, acredito ainda com mais força na justiça. Trabalho com policiais, advogados e promotores por todo o meu país no interesse da justiça e pretendo continuar a realizar essa tarefa pelo resto da minha vida. Embora muitas vezes eu tenha compreendido os motivos que levaram alguns clientes a ter problemas judiciais devido a um ato impulsivo de vingança, jamais disse a eles: "Você está sendo injustiçado." Na verdade, ainda sinto arrepios quando me lembro de um cliente com o qual passei duas horas há algum tempo. Ele e a esposa estavam envolvidos em uma amarga luta pela custódia dos filhos e, por mera vingança, ela o acusou de molestar a filha mais nova. Não havia provas, pois era mentira, mas a simples alegação deixara uma marca profunda nele e na menina, que era levada a confirmar as acusações da mãe. Eu disse a ele, e continuo afirmando, que apoiaria com entusiasmo uma lei segundo a qual, ficando provado que uma pessoa fez falsas acusações propositadamente, o acusador deveria ter uma pena igual à que o acusado receberia se fosse condenado. Pelo menos pude assegurar ao meu cliente que, no final do processo, ele teria a custódia das crianças, além de uma consciência limpa, o que é muito mais do que sua mulher poderia esperar.

Espiritualmente, a vingança é ainda mais nociva do que em termos financeiros e legais, pois ela sempre nos arrasta até o planejamento de uma outra pessoa, afastando-nos dos caminhos propostos pelo nosso. Quando elaboramos o planejamento de nossa vida, incluímos os nossos próprios erros e lições segundo os objetivos específicos que pretendemos alcançar enquanto estivermos na Terra. Quando uma pessoa comete uma injustiça conosco, o erro e a lição a ser aprendida pertencem a ela, e a inevitabilidade do carma e do próprio planejamento garante que, cedo ou tarde, ela acabará aprendendo. Quando essa lição chegar, o problema de enfrentá-la será dessa pessoa e não nosso. Mas, se buscarmos vingança, estaremos desviando um tempo de dedicação ao nosso planejamento para nos preocuparmos com o dela, o que não é muito diferente de deixarmos de fazer o nosso dever de casa e sermos reprovados porque estávamos muito ocupados fazendo o dever de casa de um inimigo.

Finalmente, com exceção daqueles que pertencem ao Lado Negro, todos nós estamos nesta Terra com o propósito fundamental de deixá-la melhor do que a encontramos e para crescer espiritualmente. É impossível crescer imitando e perpetuando um comportamento nocivo. Vamos portanto nos desapegar do mal que nos fizeram, aprender os cuidados que somos obrigados a tomar e seguir em frente realizando nosso potencial espiritual.

CONFISSÃO

Uma das vozes mais influentes, reconfortantes e convincentes nos anos em que freqüentei uma escola católica foi a de um jesuíta chamado Padre Nadeau que, entre muitas outras sábias observações, disse-me uma vez: "Sylvia, a confissão só é boa para uma única alma – a sua."

Concordo. Há poucas maneiras mais eficazes de se livrar de uma culpa do que desnudando a própria alma e confessando cada erro que cometemos. Em muitas situações, sou absolutamente a favor da confissão – não estou falando da confissão da Igreja Católica –, da tomada de responsabilidade por nossos atos e do cumprimento da promessa de melhorar. Mas sei que, assim como muitos de meus amigos psiquiatras e psicólogos, Padre Nadeau também concordaria que muitas pessoas confundem uma confissão honesta com o ato de jogar o fardo nos ombros de um outro e voltar para casa sentindo-se muito melhor, enquanto esse outro fica obrigado a carregar um peso extra que não pediu e que nem tem onde colocar.

Há vinte ou trinta anos, passamos por uma fase nos Estados Unidos em que se tornou moda "assumir os próprios sentimentos", proclamar com orgulho cada pensamento, cada sentimento, cada erro, cada deslize, falar abertamente sobre tudo o que fizemos, sempre em nome da "verdade", da "sinceridade" e da "exposição total". Infelizmente, ninguém pensava em compaixão, discrição, privacidade e sensibilidade, e muitas pessoas aliviavam-se da culpa à custa de entes queridos que acabavam com muito mais sofrimento e informações do que desejavam, precisavam ou poderiam resolver.

Se quisermos saber quando é válido confessar alguma culpa a um ente querido, precisamos usar como critério a *compaixão*. Se consideramos que ele tem direito de saber e que aquela informação lhe trará benefício, precisamos ser abnegados e corajosos o suficiente para lhe contar. Se nosso único motivo é nos sentirmos melhor, nos livrarmos de uma carga, confessar é uma atitude egoísta e injusta. E se ficarmos em dúvida, é melhor conversar com um amigo, um pastor, um padre, um rabino, um psicólogo, um médico, um *verdadeiro* conselheiro espiritual, ou qualquer outra pessoa discreta e objetiva, que não fique emocionalmente afetada pelo que vamos lhe contar, permitindo que qualquer um deles nos oriente sobre a melhor atitude para todos os envolvidos e não apenas para *nós mesmos*.

Dois clientes que recebi há pouco tempo ilustram essa diferença com perfeição. A cliente número 1, casada há dez anos, teve um caso com um homem que pertencia ao seu círculo de amizade. Quando os inevitáveis rumores sobre o caso começaram, ela não apenas negou, mas deixou o marido, com toda a inocência e vigor, defender sua honra. A verdade acabou aparecendo e ele ficou arrasado por ter que lidar com a traição e as mentiras da esposa, além de ter que se desculpar com todas as pessoas com quem tinha discutido para defendê-la. Deveria ela ter confessado ao marido quando percebeu que o caso estava se tornando sério? É claro que sim. Seu egoísmo em calar-se causou graves danos a inúmeras vidas e ela acabou perdendo o marido, todos os amigos – que tomaram partido dele – e, embora ainda não tivesse percebido, o respeito por si mesma. Já o cliente número 2 teve problemas com a lei. Ele assumiu o que fez, contratou um famoso advogado, pagou todas as multas e acabou se tornando, provavelmente, um dos cidadãos mais obedientes à lei que conheci. Mas ele conseguiu evitar que os pais soubessem de tudo o que acontecera. Era um casal idoso, moravam a mais de sete mil quilômetros de distância e eram muito ligados ao filho. A experiência foi um pesadelo para o meu cliente, pois ele fora sempre honesto com os pais e contava com eles para receber apoio emocional. Ele se sentiria aliviado se pudesse lhes contar o que tinha acontecido, principalmente depois que tudo já estava resolvido e não havia mais nada a temer. Deveria ele confessar aos pais? De jeito nenhum. Que bem resultaria disso? E o que os pais poderiam fazer a respeito, além de sofrer com a decepção pelo que o filho fizera e pelas conseqüências, sem ter podido ajudá-lo quando ele mais precisava?

Por tudo isso, antes de confessar, *pense*. Manter segredo de uma pessoa que precisa e tem direito de saber é um ato de egoísmo. Mas também é egoísmo confessar apenas para tirar um peso dos próprios ombros e jogá-lo sobre os de um ente querido, com o único objetivo de se sentir mais leve.

PECADO

Finalmente, se você sente culpa porque cometeu algo que "todos" e a Bíblia definem como "pecado", acredite: a palavra *pecado* passou a ser usada pelas religiões e pela sociedade somente para fazer com que nos comportemos de acordo com seus dogmas e para tentar separar os "bons" dos "maus", sem nenhuma preocupação com o que Cristo disse: "Não julgues para não seres julgado." Quando um dogma se torna uma imposição, ele sobrepuja a compaixão, que deveria ser o verdadeiro centro de todas as religiões.

Pecar significa "errar o alvo". Quer dizer que falhamos conosco e ferimos a nossa própria consciência. Somente isso. Não significa que Deus está sentado em algum lugar, com uma expressão ameaçadora, procurando sua lista de punições. Não significa que Ele nos ame menos e certamente não significa que valemos menos ou somos menos importantes do que Seus outros filhos sobre a Terra.

Ninguém ama a Bíblia mais do que eu. Já li todas as vinte e seis versões, algumas delas várias vezes. Acho que é por isso que fico arrepiada ao vê-la usada como desculpa para o preconceito, a intolerância e quaisquer julgamentos, e é por isso que termino este capítulo sobre culpa com uma advertência: estamos aqui para aprender e, para que esse aprendizado aconteça, colocamos vários erros em nosso planejamento. O que se chama de "pecados" são momentos preciosos de aprendizado para que possamos crescer e progredir espiritualmente.

EXERCÍCIO

Envolva-se nas luzes dourada, roxa e branca da proteção e do amoroso espírito de Deus, até sentir essas luzes aquecendo você, relaxando, ajudando a sua respiração a se tornar profunda, rítmica e revigorante.

Visualize agora uma ponte branca que começa no lugar em que você está e se estende, bem-vinda e segura, sobre um rio brilhante, vivo e impetuoso. Ao querer se dirigir para ela, você encontra uma grande sacola lacrada a seus pés. Ao levantá-la, seu corpo se dobra por causa do peso, que você percebe ser toda a culpa que vem carregando, que assumiu e que tem tornado mais lentos os seus passos pelo caminho que seu espírito deve atravessar, fazendo com que sua jornada seja muito mais difícil do que precisaria ser.

Carregando a sacola, ainda dobrando o corpo, você começa a caminhar em direção à ponte, percebendo flocos dourados no parapeito e nos arcos, brilhando e dançando à luz do sol. No instante em que seus pés descalços tocam a superfície fresca, macia e reconfortante da ponte, você sente uma força fluindo em seu interior, seus passos se tornam confiantes e seguros e uma grande alegria inunda o seu ser.

A pesada sacola de culpas está em suas mãos enquanto você caminha até o parapeito e olha para baixo, para o rio claro e cintilante que corre poderoso, um fluxo de amor que purifica e consagra. Uma névoa de espuma beija o seu rosto, tranqüilizadora, e envolve seu corpo num abraço de compreensão e consentimento. Você abre então essa sacola de entulhos emocionais, apóia-se no parapeito, vira-a para baixo e despeja seu conteúdo nas águas claras. Cada vez que uma escura culpa chega à superfície, a água se turva ligeiramente e, logo depois, engole essa sombra, da mesma maneira que a luz consome a escuridão, e você vê o magnífico rio, essa personificação do onipotente Espírito Santo, absorver e dissolver um a um cada deslize, cada palavra impetuosa, cada dor involuntária que você vem carregando há tanto tempo. Você se ergue e fica observando a sacola até ela ficar vazia e se tornar inútil, sentindo lágrimas de agradecimento banharem seus olhos ao constatar que aquele abençoado rio cristalino aceitou o peso de seu espírito sem riscos, sem escurecer, exatamente como Deus, com tanto amor, acolhe nossas imperfeições em Seus braços sem macular a Sua própria perfeição.

Livre do fardo que carregava, você olha pela primeira vez para o outro lado da ponte, onde uma campina verde-esmeralda, salpicada de flores do campo de todas as cores, estende-se como um tapete macio até onde sua vista alcança. Do centro dessa campina, um pequeno grupo de pessoas começa a caminhar em sua direção. Você fica ali, observando, hesitante, enquanto elas se aproximam cada vez mais e seus rostos podem ser vistos, tristes, demonstrando temor, olhando para você em busca de algum sinal que lhes diga se devem ou não ficar.

Você as reconhece agora, essas pessoas com quem você precisa se reconciliar, pessoas que foram afastadas não por escolha própria, mas devido à culpa que você carregava. E quando seus olhos cruzam com os delas, você se dá conta de que só você pode afastar o medo e o temor que sentem, pois foi você que os causou. Por um instante você hesita, imaginando se teria força e coragem. Mas olha de novo para as águas claras, de sagrada pureza, onde o seu próprio fardo escuro desapareceu para sempre, e depois volta seu olhar mais uma vez para aqueles rostos ansiosos. Seus passos na direção deles tornam-se mais decididos e corajosos, enquanto você segue em frente para abraçá-los e concluir o processo de alívio que teve início naquela perfeita ponte salpicada de flocos dourados que Deus construiu especialmente para você.

Agora, de posse de toda força, coragem e do estímulo dessa meditação, abra os olhos, sentindo-se mais leve, livre do fardo da culpa que deixou para trás, e reforce sua ligação com cada uma das pessoas que estavam esperando, tristes e temerosas, na campina verde.

AFIRMAÇÃO

"Eu sou parte de Deus, assim como Ele é parte de mim. Hoje vou honrá-Lo aprendendo com a culpa, sem alimentá-la ou perpetuá-la. Tornarei meu fardo mais leve tomando uma atitude para reparar qualquer ato que possa ter causado sofrimento a alguém, e dissolvo o sofrimento e a mágoa por qualquer agressão sofrida na luz branca do Espírito Santo."

CAPÍTULO 8

Crianças: aprendendo com nossos filhos

Há um ditado que afirma que "é preciso uma cidade inteira para educar uma criança". Culturas chamadas "primitivas" já sabiam desse fato e o praticam há séculos. É nossa cultura "civilizada" que tenta argumentar contra isso dizendo que "é preciso uma *família* boa, sólida e saudável para se educar uma criança". Acho que quem pensa assim está vivendo em alguma caverna onde a taxa de divórcios não ultrapassa cinqüenta por cento, onde ninguém ouviu falar em gravidez indesejada, onde todos os pais biológicos são pessoas responsáveis e todas as famílias, boas, sólidas e saudáveis. Não tenho a menor idéia de onde fica essa caverna, mas acredito que, se ela existisse, este fato seria amplamente divulgado. Para o restante de nós, pessoas que vivem na realidade, não há no mundo uma só criança cujo bem-estar não nos diga respeito.

Graças a Deus, essa consciência está crescendo cada vez mais, fazendo com que leis e organizações para proteger, defender e salvar crianças por todo o mundo se fortaleçam a cada dia. Embora tenhamos ainda um longo caminho a percorrer, é bom constatar que o descaso, o abuso e a falta de respeito em relação a *qualquer* criança vão se tornando algo inaceitável, um crime contra todos os que têm pelo menos uma sombra de compaixão e de sentido ético.

Por que será que uma observação tão antiga quanto a de que é preciso uma cidade para educar uma criança ainda é tão verdadeira nos dias atuais?

Não é apenas porque sabemos que o sistema governamental de ajuda às crianças é falho, carente de pessoal, carente de dinheiro e sobrecarregado.

Não é apenas porque sabemos que a Internet está fornecendo aos pedófilos um verdadeiro parque de diversões desvirtuado.

Não é apenas porque a violência contra as crianças e entre elas é mais alardeada pelos meios de comunicação e mais impossível de ser ignorada do que antes.

Não é apenas devido ao indiscutível fato de que as crianças são o nosso futuro e nosso maior recurso humano natural.

É também porque, à medida que a espiritualidade continua a se espalhar e a florescer, mais facilmente percebemos, de maneira consciente ou inconsciente, que as crianças são o nosso elo mais próximo com a nossa própria imortalidade no Outro Lado.

DE ONDE VÊM AS CRIANÇAS

Não, não se assuste esperando uma monótona aula de biologia. Não estou falando de como são criados os corpos físicos dos bebês. Isso vocês já sabem. Quero falar dos espíritos de nossas crianças.

Os espíritos dos bebês chegam diretamente de vidas movimentadas e completas no Lar, depois de ser tomada a difícil decisão de voltar à Terra e acelerar o seu progresso no caminho eterno em direção ao seu potencial maior. Dentro desses corpos minúsculos, frágeis, que não sabem falar, vivem almas tão eternas e infinitas quanto as nossas, com memórias vivas, claras e completas de existências passadas e do Outro Lado. Essas memórias permanecem em suas mentes conscientes durante muitos anos da sua infância, até que as atividades da vida na Terra as façam submergir. É como a volta de uma longa visita a um lugar que amamos profundamente – por um bom tempo, nossos corpos podem estar de volta da viagem, mas nossas mentes e nossos corações continuam ligados àquele lugar maravilhoso.

Como se acham muito mais próximas do Outro Lado e de suas vidas passadas, as crianças são os seres mais mediúnicos sobre a Terra e podemos aprender com elas sobre o Lar, o mundo espiritual, a reencarnação, viagens astrais e todas as outras magníficas pontes entre esta dimensão e a eternidade. É pena que muito freqüentemente esses conhecimentos sejam desconsiderados, ignorados, interpretados como delirantes fantasias.

Se você conviveu ou convive atentamente com seus filhos pequenos, sabe que eles têm interesses, dons, medos, fobias e preferências que fazem todo o sentido quando levamos em conta a existência de vidas passadas. Crianças nascem fascinadas por trens, piratas, aviões, navios, aventuras, astronomia e inúmeros outros assuntos aos quais jamais foram expostas nesta existência. Elas nascem com talentos ou afinidades naturais muitas vezes inexistentes no restante da família. Nascem com medos e fobias que não são comuns às outras pessoas com as quais elas têm contato.

É claro que há explicações genéticas para todas essas tendências e habilidades. Mas muitas vezes não encontramos nenhuma razão possível em ninguém e em nada ao redor da criança. Multiplicam-se as explicações, sobretudo quando o talento ou característica são notáveis. Então, por que não se aceita o simples fato de lembranças de vidas passadas terem ficado guardadas na memória? A idéia da reencarnação é muitas vezes ridicularizada, olhada com um preconceito, a meu ver, sem nenhum fundamento mais consistente. Para mim, as crianças são o melhor argumento de que a reencarnação é um conceito lógico, simples e sensato.

Já li incontáveis exemplos em outros livros sobre a capacidade das crianças pequenas de contar histórias de vidas anteriores e experiências no Outro Lado. Aos três anos de idade, meu próprio neto, Chris, me contou que tinha sido um vaqueiro que morrera ao levar um tiro em frente a um bar, caindo nos braços da filha, e que possuía um cavalo chamado Cinammon. Como acontece a todas as crianças que se lembram de outras encarnações, os detalhes de uma história como essa ultrapassavam em muito a amplitude do vocabulário e da imaginação típicos de um menino dessa idade, sobretudo se considerarmos que Chris não via televisão. Minha neta, Angelia, tem lembranças vivas e precisas de sua última existência como minha querida avó Ada. E não pense que esses exemplos são exclusivos de minha família, devido à nossa mediunidade. Eles são comuns, emocionantes e podem fazer milagres na comunicação entre você e seus filhos, e na autoconfiança deles ao perceberem o seu interesse, seu desejo de ouvi-los sem interrupções e o seu reconhecimento da verdade de seus relatos.

Um exemplo perfeito é o de um casal que veio me ver há pouco tempo, trazendo o filho de seis anos, na esperança de que eu pudesse chegar ao fundo do obsessivo interesse do menino por tudo o que estivesse ligado ao naufrágio do *Titanic*. Essa obsessão manifestara-se muito antes do filme de grande sucesso, cuja fita de vídeo ele já assistira inúmeras vezes, apontando detalhes que garantia não serem verdadeiros. Esses pais queriam que eu descobrisse o que havia de "errado" com o menino, pois temiam que ele estivesse possuído pelo espírito de algum passageiro do desafortunado navio. Acabei descobrindo que não era este o problema. A última existência do menino havia terminado no *Titanic*, e não precisei regredi-lo através da hipnose para obter essa informação – embora as memórias sobre lugares fosse confusa, ele tinha lembranças conscientes da água gelada, de gritos que abafavam o som de uma orquestra, de suas próprias mãos geladas e molhadas demais para se manterem agarradas nos braços de um possível salvador num barco salva-vidas superlotado, sua última prece ao ser tragado pelo oceano, percebendo que a esposa seria salva. Quando contei aos pais o que se passara, eles se mostraram estupefatos não apenas com o que eu havia conseguido, mas com toda a história que o filho trazia em seu interior. O que mais os impressionou foi que, para levar o menino a contar sua história, fiz algo que não tinha ocorrido a nenhum deles – perguntei e ouvi as respostas. Os pais estavam tão ocupados em analisar a criança, com medo de o assunto não ser saudável, e sentindo-se pouco à vontade, que jamais pensaram em sentar-se ao lado do menino e dizer: "Meu amor, conte-nos tudo o que você sabe sobre o *Titanic*." Se tivessem feito isso e depois o ouvissem com toda a calma, teriam descoberto, como eu, que o menino também estava ansioso para falar sobre o assunto.

No instante em que seus filhos forem capazes de verbalizar pensamentos, pergunte a eles, num tom encorajador, sobre qualquer assunto pelo qual demonstrarem grande interesse, ou mesmo sobre vidas passadas, ou sobre o Outro Lado em geral, indagando, por exemplo: "Quem você era antes?", ou "Quantas outras mães você já teve?", ou "Fale-me sobre o lugar onde você estava antes de vir para cá". Não force e nem sugira respostas, apenas deixe-os falar ou não, em seu próprio ritmo, de maneira a saberem que você estará disponível para uma conversa a qualquer momento que desejarem. Nunca julgue o que disserem e faça um favor a si mesmo e a eles – grave as respostas ou anote-as num diário para que, anos mais tarde, quando as memórias inevitavelmente diminuírem de intensidade, seus filhos tenham uma reconfortante prova de que houve um tempo em que sabiam tudo sobre a própria imortalidade.

CRIANÇAS E MEMÓRIA CELULAR

O capítulo "Vidas passadas" discute a memória celular sob certo prisma – o impacto emocional e psicológico que as memórias de vidas passadas pode produzir em nossa vida atual. Até crianças que ainda não sabem falar, cujas memórias de outras vidas ainda são recentes e cujas mentes são mais ingênuas, apesar de serem bastante suscetíveis às influências negativas da memória celular, são também muito fáceis de serem "curadas".

Já lidei com milhares de crianças que sofriam de problemas ligados à memória celular, quase todas encaminhadas por médicos que não obtiveram sucesso com os tratamentos tradicionais. Acho importante repetir: sempre aconselho que as pessoas procurem *primeiro* ajuda médica e psiquiátrica tradicional quando alguma doença se apresenta, principalmente quando se trata de uma criança. Meus próprios netos têm contato constante com médicos e psicólogos maravilhosos, por isso não interprete de maneira errada as minhas palavras, como se fossem uma afirmação de que nós, verdadeiros médiuns, podemos substituir esses profissionais, ou que fornecemos cura instantânea para todo e qualquer problema físico e emocional. Voltando à questão de problemas ligados à memória celular, um exemplo é Chelsea, uma menina de quatro anos. Ela nasceu com um grave problema de asma que não respondia a nenhum medicamento receitado pelos médicos. As memórias conscientes de suas vidas passadas não revelavam nada, por isso resolvi tentar uma regressão hipnótica – aliás, algo muito fácil de fazer com crianças pequenas. Chelsea foi depressa à raiz do problema: na encarnação imediatamente anterior a esta, ela tinha sido Jack Shepherd, um homem que vivia em uma fazenda e que havia sido condenado e enforcado por um crime que não cometera – o roubo do cavalo de um vizinho. Ele morreu de uma maneira lenta e terrível, usando todas as forças que lhe restavam para tentar respirar – uma memória celular que o pobre espírito de Chelsea reteve e trouxe consigo para aquele pequeno corpo de menina, sob a forma de uma doença que lhe tirava todo o fôlego.

Consegui ajudar Chelsea da mesma maneira que ajudei centenas de outras crianças, muitas delas ainda incapazes de falar, através de uma conversa direta, durante o sono ou sob hipnose, com a madura e sábia mente espiritual que se oculta no subconsciente da criança. Você pode ajudar uma criança próxima a você exatamente da mesma maneira, antes ou depois que os problemas ligados à memória celular tenham começado a se manifestar. É realmente muito fácil:

Uma ou duas vezes por semana, enquanto a criança estiver dormindo, sente-se em silêncio ao lado dela e, num tom de voz bem baixo, que não seja capaz de acordá-la, diga à sua mente espiritual: "Querida criança, que toda a alegria, sabedoria e todas as lições de suas vidas passadas sejam suas cons-

tantes companheiras para ajudá-la em todos os momentos desta vida. Mas permita que toda a dor, o medo, as doenças e a negatividade daquelas vidas se tornem parte do passado, ao qual pertencem, e que sejam então lançados para sempre na pureza curativa da luz branca e sagrada do Espírito Santo."

Se você não acredita que um exercício tão fácil possa fazer uma diferença verdadeira na saúde física e emocional de seus filhos, deixe-me dizer-lhe que muitos de meus clientes também não acreditaram, mas, dois meses depois de minha recomendação, escreveram para me contar que deu certo. Se isso não convencer você, pense no seguinte: que mal poderá causar uma simples tentativa?

CRIANÇAS E O MUNDO ESPIRITUAL

Devido ao fato de terem saído há tão pouco tempo da freqüência de vibração do Outro Lado, e como ninguém ainda lhes disse que isso é inadequado ou estranho, a ampla maioria das crianças interage com espíritos e fantasmas como se fossem seus "amigos imaginários". Você estará perdendo uma experiência fascinante se ignorar esses amigos "imaginários", ou desconsiderá-los com uma mera expressão de condescendência em vez de fazer perguntas e descobrir tudo o que puder sobre eles. Além do nome desses amigos, é interessante fazer outras indagações: De onde eles vêm? Como é sua aparência? Como seus filhos os encontraram? Eles já se conheciam antes? Se a resposta for sim, de onde? Sobre o que conversam?

Meu filho Chris tinha dois amigos imaginários e nós conversávamos sobre eles com a mesma naturalidade com que falávamos de seus amigos "reais". Descobri que um deles era seu Guia Espiritual, Charley, que meu filho, quando cresceu, nunca mais conseguiu enxergar com a mesma clareza. Outro era um menino chamado Joey, que me deu a oportunidade de ensinar a Chris uma maravilhosa lição de amor, quando ele ainda era bem pequeno. Um dia, Chris mencionou o fato de Joey ser "todo queimado". Se alguma vez seu filho descrever um amigo imaginário como alguém que tem uma ferida, este é um sinal de que o amigo é um ser ligado à Terra ou um fantasma. Quando fazemos uma transição completa para o Outro Lado, estamos inteiros e perfeitos, e as feridas param de existir. Somente espíritos que permanecem ligados à Terra carregam feridas visíveis. A presença de um fantasma ao lado de seu filho não significa que ele esteja em perigo. Quer dizer apenas que o espírito não sabe que está morto e por isso rejeita a lendária luz do túnel que o levará para o Lar, ou que continua mantendo alguma ligação confusa com esta dimensão, à qual não mais pertence. Quando expliquei a Chris que precisaríamos ajudar Joey a ir para o Outro Lado, sua primeira reação foi de não querer que o amigo o deixasse. Mas quando compreendeu que Joey não poderia estar feliz aqui, com tão poucas pessoas capazes de enxergá-lo, e que, quando ele estivesse no Lar, perto de Deus e de todas as pessoas que o amavam, ele seria feliz e não ficaria mais "todo queimado", Chris despediu-se do amigo e, juntos, nós dois convencemos Joey a aceitar a luz que o levaria ao Outro Lado.

Quando conseguir algumas pistas em relação à identidade do amigo imaginário de seu filho, você poderá enriquecer a experiência ainda mais se procurar verificar certificados de propriedade, fotografias e histórias familiares. Já perdi a conta do número de crianças com as quais trabalhei que eram capazes de identificar seus amigos imaginários em retratos de reuniões de antepassados da família ou de vizinhos, ou que tinham amigos imaginários cujos nomes eram os mesmos de parentes distantes, de um lado obscuro da família, de muitas gerações passadas, ou faziam parte de uma lista de antigos proprietários do terreno onde a casa em que moravam estava construída.

Em outras palavras, simplesmente *preste atenção*. Desconhecer os amigos imaginários de um filho sem encorajá-lo a falar sobre eles pode privar você de uma linha direta com o mundo espiritual, além de privar seu filho do valioso sentimento de ser levado a sério.

Além disso, um dos fatos mais consistentes sobre o mundo espiritual é que, como os espíritos se sentem radiantes quando têm a chance de serem vistos e ouvidos, as crianças, com seus sentidos muito alertas e sua capacidade mediúnica ainda intata, fornecem algumas das melhores oportunidades. Acredite em quem dorme com a luz acesa desde que era criança: os espíritos gostam de se juntar à noite no quarto de uma pessoa receptiva. Quando eu ainda nem sabia andar, sempre que ficava sozinha no quarto, com a lâmpada do abajur desligada, sentia como se estivesse tentando dormir no meio de uma estação de trens. Isso não significa que esses espíritos desejassem me causar mal ou me assustar; eles estavam apenas ansiosos por se fazer notar. Se eu sentia medo? Está brincando? Claro que sentia, até que minha avó Ada explicou-me pacientemente quem eram todos aqueles estranhos que se juntavam ao redor de minha cama todas as noites, sem que ninguém mais da família parecesse se importar ou mesmo perceber. Assim que compreendi o que estava acontecendo e soube que não havia perigo, passei a ficar menos temerosa.

Assim, se e quando seu filho acordar com medo durante a noite e lhe disser que havia alguém ou algo em seu quarto, no armário ou embaixo da cama, primeiro procure pelo quarto apenas para ter certeza de que uma possibilidade verdadeiramente assustadora – um ser humano – pode ser descartada. Depois, em vez da velha explicação, "Você está imaginando coisas", que provavelmente está errada, dê a seu filho a certeza de que ele está seguro e que seus visitantes eram apenas espíritos do Outro Lado que desejavam dizer "alô" e proteger seu sono. Repito, faça com que seu filho descreva o que viu e não hesite em registrar essas visões num diário ou numa fita de áudio, para descobrir se há alguma figura constante no grupo e para relembrar junto com seu filho, uma ou duas décadas mais tarde. Finalmente, providencie para seu filho uma luz noturna, ou faça como minha avó Ada e dê a seu filho uma lanterna para manter ao lado da cama. Assustador ou apenas irritante, um quarto escuro repleto de espíritos não leva a uma boa noite de sono.

OS SONHOS DE UMA CRIANÇA

Os sonhos de algumas crianças são como alguns dos nossos: apenas pequenos teatros de variedades que a nossa mente subconsciente encena para conseguir um certo alívio, sem qualquer sentido. Outros sonhos, porém, são repletos de informações valiosas às quais é interessante prestar atenção.

Viagens astrais acontecem naturalmente à maioria das crianças, pela razão lógica de que elas estavam acostumadas a fazê-las no Lar, aonde podemos ir a qualquer lugar através da imaginação. O momento mais fácil para se fazer uma viagem astral é durante o sono, quando a mente consciente não tem como interferir, e o destino favorito das crianças em suas viagens astrais é a santidade familiar e abençoada do Outro Lado.

Se seu filho lhe contar sobre um "sonho" que apresente um mínimo de seqüência, com princípio, meio e fim, e não em forma de imagens que não fazem muito sentido, provavelmente não foi um sonho, mas uma viagem astral.

As crianças não limitam suas viagens astrais durante o sono a visitas ao Outro Lado. Elas também gostam de visitar amigos, parentes, pessoas e lugares que conheceram em vidas passadas. Por isso, preste bastante atenção aos "sonhos" que têm uma ordem seqüencial, principalmente se envolverem vôos. O ato de voar quase sempre indica uma viagem astral, em vez de um sonho, e, se a criança puder se lembrar de detalhes, pergunte a ela o que via quando olhava para baixo enquanto estava voando. Se a paisagem que ela descrever for um lugar com o qual não poderia ter nenhuma familiaridade nesta existência, há uma boa chance de que ela aproveitou a oportunidade fornecida pelo sono para recordar-se de alguma encarnação anterior da qual nunca se esqueceu.

Desculpe-me por repetir tantas vezes a mesma orientação (na verdade, não me importo nem um pouco de repeti-las, porque acho importante), mas, por favor, mantenha um relatório escrito ou gravado dos "sonhos" de seus filhos. Você vai aprender muito sobre eles e sobre o fácil acesso de uma criança ao Outro Lado, sobre o mundo espiritual, sobre vidas passadas, experiências que você também teve e das quais não se lembra mais. Seus filhos darão imenso valor às provas que aqueles "sonhos" constituem, se puderem ter acesso a elas muito tempo depois que sua lembrança já tiver se apagado.

MAIS ALGUNS CONSELHOS ÚTEIS SOBRE E PARA CRIANÇAS

- **Nunca subestime a mediunidade e a eternidade de uma criança.** Eu chego a tremer quando ouço pessoas discutirem sobre ódio, violência, injúrias, tensões ou descaso num ambiente onde existe uma criança, alegando que "elas são muito pequenas para entender o que estamos conversando". Isso não é apenas uma inverdade, mas, também, impossível. Não me importo se a criança tem um ano, uma semana ou um mês. Ela possui uma fantástica consciência do que está acontecendo a cada minuto, e um espírito que, como o nosso, já viveu uma eternidade e também é capaz de se sentir inseguro, amedrontado, indesejado e aviltado, principalmente estando num corpo tão pequenino e indefeso.
- **Tenha tanto respeito por uma criança quanto por seu melhor amigo.** Nunca entendi por que algumas pessoas parecem acreditar que existe uma idade mínima para um ser humano ser tratado com certa deferência. Uma criança de dois anos sabe dar valor a expressões como *por favor, obrigada* e *desculpe-me* tanto quanto um adulto de vinte e dois, e é uma atitude insensata repreendê-la por ser agressiva ou violenta quando este é exatamente o tipo de comportamento que lhe é dedicado todos os dias. Seja o fato de agarrar o controle remoto e mudar o canal, interrompendo um programa que ela está vendo, seja passar por um pequeno desconhecido numa loja como se não houvesse ninguém ali, todos nós precisamos ficar atentos às

maneiras pelas quais podemos estar contribuindo para fazer uma criança se sentir desvalorizada.

- **Não permita que *nenhum* outro relacionamento torne-se uma prioridade maior do que o seu relacionamento com seus filhos.** Essa afirmativa parece óbvia, mas todos nós conhecemos pessoas que a ignoram, o que é um erro trágico que leva muitas existências para ser corrigido. Nenhum planejamento feito no Outro Lado permite que um pai ou uma mãe sacrifiquem a segurança e o bem-estar de seus filhos em benefício de qualquer coisa ou de qualquer pessoa que apareça em suas vidas. As tentações foram planejadas, mas existem para resistirmos a elas pelo bem da criança e não para nos fazer inventar uma série de desculpas para justificá-las.
- **Se você não souber dizer três atividades ou comportamentos em que seus filhos se saem bem, você não está prestando suficiente atenção neles.** Cada um de nós escolhe dons e fraquezas com os quais irá trabalhar em cada existência. Ajudar uma criança a identificar suas principais habilidades e estimulá-las não apenas irá aumentar sua autoconfiança como diminuirá significativamente as chances de ela se sentir entediada e, quando crescer, sair para procurar na rua o estímulo que não encontrou em casa. Pode ser um esporte, um trabalho mecânico, jardinagem, informática, arte, um instrumento musical, ginástica, corte de cabelo, costura, escrita, tapeçaria – até mesmo crianças bem pequenas demonstram talentos, preferências e interesses que você pode encorajar e orientar. Apenas tenha certeza de que os interesses são mesmo de seus filhos e não seus. Você tem o seu planejamento, seus filhos têm os deles.
- **Desde muito cedo comece a mostrar para seus filhos a sagrada ligação que eles e todos os serem vivos têm com Deus.** Não estou falando necessariamente em levar seus filhos à igreja todas as semanas ou lhes ensinar o catecismo e os dogmas. Conheço pessoas, e sei que você também conhece, que vão à missa todos os domingos e talvez saibam recitar trechos da Bíblia de cor e no entanto são cruéis, egoístas, críticas, preconceituosas e sem alegria. Deus precisa ser descober-

to na natureza, no que nos acontece de bom, nos gestos de amor e compaixão, no que causa alegria, na proteção e na ajuda com que sempre podemos contar. Quanto mais as crianças tiverem consciência de sua divindade interior e da divindade de todas as criações de Deus, mais elas saberão exigir respeito e mais saberão respeitar.

- **Da próxima vez em que estiver sem nada para fazer, pense que, nesse mesmo instante, há uma criança que precisa de sua ajuda.** Seja um hospital pediátrico próximo à sua casa, uma instituição para crianças carentes, uma organização que ajuda a localizar crianças desaparecidas, uma escola ou biblioteca onde as crianças ouvem histórias ou aprendem a ler, existe sempre um lugar perto da sua casa onde você pode fazer toda a diferença na vida de pelo menos uma criança. Talvez custe algum esforço inicial, mas pode ter certeza de que será um imenso prazer e um privilégio que você, na jornada do seu espírito, guardará por toda a eternidade.

AFIRMAÇÃO

"Amados Deus Pai e Mãe,

Por favor, ajude-nos a proteger nossas crianças, da mesma maneira que nós, que somos Seus filhos, somos protegidos. Mostre-nos como mantê-las em segurança, a salvo de feridas físicas e emocionais, e como celebrar a alegria e a dignidade de saber que, a cada passo que elas dão nesta dura escola chamada Terra, Sua Mão jamais se soltará das mãos delas e a Sua Luz permitirá que elas vejam com mais clareza o caminho que se estende à sua frente, apesar de todas as dificuldades que inevitavelmente encontrarão. Somos abençoados pela presença das crianças e prometemos ao Senhor zelar por todas elas como se fossem nossas. Amém."

CAPÍTULO 9

Relacionamentos: dizendo sim e não

O nome dele era Jack e tinha voado quase dois mil quilômetros num avião fretado para aquela sessão comigo. Era um homem bonito, com pouco menos de cinqüenta anos, que usava um terno Armani e um relógio de ouro Rolex com a maior naturalidade. Assim que ele entrou em meu consultório, duas coisas me chamaram a atenção: havia um espírito feminino mais velho logo atrás dele e, para um homem com tantos privilégios óbvios, Jack parecia bastante infeliz.

O espírito de mulher gesticulava e murmurava para mim, ansiosa por comunicar-se, e pensei que ela deveria ter algo a ver com toda aquela tristeza. Por isso, antes que Jack acabasse de se sentar, perguntei: "Quem é a mulher alta, esbelta, sofisticada e mais velha que já morreu? Ela tem rosto em forma de coração, maçãs do rosto salientes, penetrantes olhos castanhos, cabelos grisalhos penteados para o alto e belas mãos."

"É minha mãe", respondeu ele, sem alterar o tom de voz. "Ela morreu há quatro meses. Éramos muito próximos."

"Ela está com você agora mesmo, de pé, ao seu lado, tocando o seu ombro."

Imaginei que ele ficaria surpreso, aliviado, feliz, ou pelo menos ligeiramente curioso. Mas Jack apenas disse: "Muito bem, mas você tem que me contar sobre minha noiva. Acho que ela está me traindo."

Essa mesma cena, com pequenas variações, acontece em meu consultório dezenas de vezes por semana, reforçando um fato simples e irrefutável: nossos relacionamentos com as pessoas a quem escolhemos como namorados ou cônjuges podem nos consumir mais completamente, para o bem ou para o mal, do que qualquer outro aspecto da vida. Eles podem fazer nosso espírito pairar nas alturas ou desmoronar. Podem expandir nosso coração ou nos fazer desejar a morte. Podem nos fazer sentir poderosos ou nos dar a sensação de que tudo o que conseguimos alcançar não tem a mínima importância ou valor. Veja Jack, por exemplo, que teria trocado todos os seus privilégios pela fidelidade da noiva e que acreditava em mim o suficiente para marcar uma sessão. No entanto, quando confirmei a traição, ele discutiu comigo, foi para casa e gastou milhares de dólares com um detetive particular, que comprovou o que eu já lhe dissera. E, apesar de sua inegável inteligência, Jack casou com a noiva quando o amante a abandonou e, depois, passou três infelizes anos ao lado de uma mulher incapaz de ser fiel, em quem ele já sabia que não poderia confiar.

Acredite, não estou zombando de Jack e muito menos atirando pedras. Eu também já fiz escolhas totalmente idiotas em meus relacionamentos e, como cerca de noventa por cento de meus clientes e amigos íntimos, levei um longo tempo tentando descobrir por que a grande maioria de nós comete esses erros.

RELACIONAMENTOS E NOSSO PLANEJAMENTO

Não há dúvida de que incluímos todos os relacionamentos em nosso planejamento. E, como somos muito específicos ao elaborá-lo, não é nenhuma surpresa que, quando encontramos uma pessoa com quem planejamos nos relacionar, nós a reconheçamos quase sempre de imediato. Se você alguma vez se perguntou de onde vem o conceito de "amor à primeira vista", agora já sabe. Não é realmente amor, mas algo como: "Incluí você em meu planejamento e aí está você!" Esse reconhecimento instantâneo nos dá a sensação de carregar um incrível significado. Infelizmente, entendemos de maneira errada essa importância, e aí se encontra a origem de muitos de nossos problemas: raramente pensamos que aquela pessoa tão arrebatadora pode ser uma daquelas que planejamos evitar como se fossem uma praga. Quando digo que planejamos todos os nossos relacionamentos, refiro-me a *todos*, os bons e os desastrosos.

Todos nós conhecemos pessoas que se agarram teimosamente a alguém que as maltrata, humilha e as mantém em constante estado de insegurança e infelicidade. Isso nos deixa perplexos, porque esquecemos que alguns dos relacionamentos mais importantes que colocamos em nosso planejamento, aqueles com os quais nossos espíritos mais aprendem, são os relacionamentos em que *nós* temos o poder e a força de dizer *não*.

Então, como é possível diferenciar os relacionamentos em que devemos investir daqueles que devemos evitar?

A resposta para essa pergunta não é fácil e exige trabalho, atenção, paciência e muita honestidade no diálogo que temos com nós mesmos. Entretanto, considerando-se a alegria que ela pode nos trazer e a dor que pode evitar, vale a pena todo o esforço, paciência, honestidade e tudo o mais que possamos investir para descobrir essa resposta, você não acha?

1 – SEJA PACIENTE

Isso não é uma opinião, é um fato: a maioria das pessoas é mais cuidadosa na escolha de um automóvel do que na escolha de seu parceiro.

Imagine que você entrou numa loja para comprar um carro e tem dinheiro suficiente para escolher qualquer veículo do mercado. Agora, imagine o seu processo de seleção acontecendo mais ou menos assim: "Eu queria mesmo era comprar um Rolls-Royce, mas aí eu vi esse Fusca vermelho com uma placa dizendo que ele estava à venda, e eu sempre adorei vermelho. Queria um carro de quatro portas e esse Fusca só tem duas, queria um carro que levasse seis pessoas com conforto, mas quatro pessoas podem se apertar num Fusca se fizerem um esforço. Adoro ouvir música quando dirijo, mas esse Fusca não tem rádio, nem alto-falantes. É muito importante que eu tenha um meio de transporte confiável para ir e voltar do trabalho e, aparentemente, esse Fusquinha só dá partida de vez em quando e morre de repente, no meio da estrada, sem motivo. É claro que eu estava pensando em algo mais seguro e ouvi dizer que esse carro já explodiu algumas vezes, mas não faz mal – *é melhor ter um carro velho do que não ter nenhum, e tenho certeza de que, se eu me dedicar bastante, ele se transformará num Rolls-Royce.*"

Por mais idiota que possa parecer, será que você nunca viu (ou utilizou) esse mesmo método de decisão para entrar ou não num relacionamento? Saímos em busca de um Rolls-Royce e voltamos para casa com um Fusquinha quebrado só porque estava no mercado e era vermelho. Depois, ficamos surpresos quando nos decepcionamos. Será mesmo melhor ter um carro velho do que não ter nenhum, ou será que nos deixamos convencer de que só seremos alguém se possuirmos um automóvel, seja ele qual for? Será que acreditamos *mesmo* que um Fusquinha quebrado e duvidoso, passível de enguiçar a qualquer minuto, é o máximo que merecemos? É o máximo que merecerão as crianças nascidas dessa união?

Garanto a você que, assim que começarmos a nos valorizar como filhos de Deus, começaremos a exigir a qualidade de vida e de relacionamentos que um filho de Deus merece e jamais aceitaremos menos do que isso. Todos nós, quando fizemos nosso planejamento antes de nascer, colocamos vários Fusquinhas em nossas vidas, não para aceitá-los, mas para aprender com eles e, finalmente, dizer: "Não é isso o que eu quero!" Devemos esperar por aquele raro Rolls-

Royce, que também colocamos em nosso planejamento, com paciência e fé suficientes, insistindo em não nos contentarmos com o que não for melhor para nós.

Depois que tomamos consciência de que é o melhor que queremos, é hora de começarmos a definir a nossa idéia de "melhor". E a elaboração de uma lista pode nos ajudar muito.

2 – FAÇA UMA LISTA

Em algum momento, seja mentalmente ou no papel, todos nós já fizemos uma lista das qualidades que procuramos em nosso par. Em geral, a lista contém itens como "atraente, responsável, inteligente, atencioso, confiável, honrado, gentil e que goste de crianças". Mas depois saímos por aí dizendo sim a pessoas que não têm quase nenhuma dessas qualidades, como se nunca tivéssemos feito a tal lista, o que me fez pensar que deveria haver uma outra que pudesse nos ajudar a escolher com mais clareza.

Em vez de pensar nas qualidades do seu par ideal, quero que você faça uma lista das características – coisas boas e coisas negativas – do seu par atual ou do último que teve e com quem se relacionou durante algum tempo. Antes de cada característica coloque as seguintes palavras: O *que eu mais desejo é um par que*... Volto a insistir: *use de toda a honestidade*. A lista pode ficar assim:

O *que mais desejo é um par que* critica tudo o que eu faço.

O *que mais desejo é um par que* costuma me trair sempre que tem uma chance.

O *que mais desejo é um par que* mente para mim rotineiramente.

O *que mais desejo é um par que* me desrespeita, me agride e nunca me faz um elogio.

O *que mais desejo é um par que* tenta controlar todos os meus passos.

O *que mais desejo é um par que* abusa de mim física, verbal e emocionalmente.

O que mais desejo é um par que é agressivo com meus/nossos filhos.

O que mais desejo é um par que é grosseiro com minha família e meus amigos.

O que mais desejo é um par que é irresponsável e não merece confiança.

O que mais desejo é um par que gosta de me constranger.

O que mais desejo é um par que gasta o dinheiro das despesas com jogo, drogas ou bebidas.

É claro que essa lista é um tanto exagerada, mas tenho certeza de que deu para você entender: se ao reler sua lista você gostar das características, e elas fizerem sentido com a frase que as antecede, você está no relacionamento que planejou buscar. Se a lista parecer absurda e completamente ilógica, você está perdendo tempo num relacionamento que planejou para fortalecer-se e crescer na auto-estima, ao recusá-lo.

3 – VIVA O SEU PLANEJAMENTO E NÃO O PADRÃO DA CULTURA

Todos conhecemos o padrão: devemos crescer, ir à escola, namorar enquanto estivermos no segundo grau e na faculdade para adquirir alguma experiência em relacionamentos, amar, casar, provavelmente ter filhos, equilibrar casamento, filhos e profissão, superar as crises, provavelmente ter e mimar os netos e, então, parar de trabalhar e viver alegremente o resto dos dias com o mesmo cônjuge com quem iniciamos todo o processo.

Não vou afirmar que isso nunca acontece, e pode ser maravilhoso quando esse roteiro é seguido à risca. Gostaria apenas que começássemos a pensar nele como uma opção um tanto rara, e não como uma expectativa ou como a única maneira de encontrar a felicidade. Há mais de seis bilhões de pessoas na Terra, o que significa que há mais de seis bilhões de planejamentos sendo vividos neste instante. Será que a ampla maioria das pessoas, cada uma com suas próprias lições a serem aprendidas e objetivos a serem alcançados, planejou cumprir uma variedade tão grande de metas através do mesmo roteiro – "casar, ter filhos, ter netos, retornar ao Lar"?

Posso garantir que veríamos uma queda expressiva no número de divórcios se abandonássemos a idéia de que existe algo errado conosco se não nos casamos até uma certa idade, ou se ficamos solteiros para sempre. Todos nós conhecemos pessoas que se casaram com alguém a quem não apreciavam, muito menos amavam, porque "estava na hora", ou porque "estávamos juntos há tanto tempo que parecia a coisa mais lógica a ser feita", ou porque "uma criança estava para chegar e ela merecia ter pai e mãe". Você sabe o que é que uma criança merece? Um lar baseado em amor, e não em ressentimentos, obrigações e tensões. As crianças poderão receber amor de maneira muito mais eficaz se os pais se mantiverem próximos e envolvidos ativa e respeitosamente na vida dos filhos, sem forçar um relacionamento que, de fato, não desejam.

Perdi a conta do número de clientes que me perguntaram: "Quando vou me casar?" Ninguém se interessou em saber : "Quando terei um relacionamento bom, sólido e saudável?" Fico também impressionada com o número de clientes que estão permitindo que o padrão, e não o planejamento, determine os seus relacionamentos. "Steve e eu temos sido felizes e nos dedicado um ao outro há dois anos", disse-me uma cliente chamada Lorraine. "Acho que chegou a hora de morarmos juntos, mas ele está relutando." Lorraine possuía uma casa que simplesmente adorava. Ele também. Ambos tinham empregos nos quais eram obrigados a levar muito trabalho para casa. Ambos amavam sua privacidade. Ela possuía três cachorros. Ele, um cachorro e dois gatos. Mostrei a Lorraine que misturar as duas moradias poderia resultar em enorme infelicidade para os dois e até para seus animais. Ela respondeu: "Eu sei, é isso o que ele diz, mas, depois de dois anos, sei que ele me ama e devia querer morar comigo." Em outras palavras, "É claro que seríamos infelizes, mas escolhi dois anos como o tempo-limite depois do qual temos que dar esse passo, que não faz sentido para nenhum de nós, para podermos viver de acordo com os padrões". Para concluir a conversa, eu disse a Lorraine que ela teria que fazer uma escolha: ela e Steve poderiam continuar aquele maravilhoso relacionamento por mais doze anos se deixassem as coisas como estavam, ou ela poderia convencê-lo a mudar-se para a casa dela e eles ficariam juntos, no máximo, por mais oito meses. Mesmo assim, Lorraine teve dificuldades para se decidir. Ela é um bom exemplo de uma pessoa que deixa o padrão da cultura atropelar o planejamento e, é lógico, optou pelo padrão. Os dois terminaram o relacionamento depois de sete meses e meio.

Por isso, lembrando-se que uma pessoa apaixonada nunca está em seu perfeito juízo, quando você tentar descobrir se o seu relacionamento foi planejado para acontecer ou para ser evitado, faça o melhor que puder para analisá-lo com honestidade, dedicação e cuidado, verificando se o seu interesse nele está ligado mais ao padrão cultural do que ao planejamento que você construiu para guiar a sua vida em direção ao crescimento e à alegria profunda que ele traz.

4 – RESPEITO

No âmago de todo relacionamento feliz está o *respeito*. Ou, em outras palavras, no cerne de todo relacionamento infeliz está o *desrespeito*. Se você está num relacionamento em que um dos dois não respeita o outro, posso garantir que é um daqueles planejamentos que servem para lhe ensinar algo e, depois, largar. E quanto mais cedo melhor, pois acredito piamente que quanto mais adiarmos o inevitável, mais tempo perderemos em nossas vidas.

Pense bem: é possível existir amor, confiança e todos aqueles outros importantes ingredientes de um bom relacionamento quando não há respeito? Quando respeitamos de verdade uma pessoa, não mentimos para ela, não a enganamos, não a humilhamos, não trapaceamos, não falamos mal dela, não tentamos controlá-la, não invadimos sua privacidade, não ignoramos o que é importante para ela, e desejamos que ela alcance o seu mais alto potencial e a realização dos seus sonhos mais gloriosos. Tudo isso parece muito absoluto, e nós, seres humanos, não somos assim. O que acho importante mostrar é que, ainda que eventualmente possamos falhar – mentindo, trapaceando, invadindo a privacidade do outro, e todas as outras formas de desrespeito –, nossa intenção sincera e profunda não é essa, e sempre voltaremos atrás pedindo desculpas e procurando reparar a falta.

Se por acaso você estiver vivendo um relacionamento onde há um desrespeito crônico, quero fazer um alerta sobre uma armadilha na qual muitos de meus clientes caem com a maior facilidade. Eles acreditam que, se agüentarem tempo suficiente, tolerando todo e qualquer desrespeito por parte do outro, essa atitude acabará, de alguma maneira, provando a força e a sinceridade do amor que sentem e então, um dia, eles acabarão *conquistando* o respeito que tanto anseiam. Geralmente essas pessoas dizem algo parecido com: "Depois de tudo o que tenho sofrido, mais cedo ou mais tarde meu companheiro vai perceber que ninguém neste mundo é capaz de amá-lo tanto quanto eu." Isso não é verdade por uma razão lógica e simples: *Você nunca conquista respeito tolerando o desrespeito*. Jamais, grave isso, sobretudo se está vivendo numa situação de desrespeito. Na verdade, uma das questões que o parceiro costuma levantar é: "Se você acha que recebe um tratamento tão horrível, por que não vai embora?" Infelizmente, a resposta típica costuma ser: "Porque eu amo você", o que passa a seguinte mensagem: "Eu amo você, apesar de todo o desrespeito, por isso pode continuar fazendo tudo o que quiser, pois não haverá nenhuma conseqüência." Por mais difícil que possa parecer, só existe uma maneira de se conseguir o respeito de uma pessoa com quem nos relacionamos. Precisamos nos afastar dela não apenas em termos emocionais, mas fisicamente. Não ameace ir embora, a não ser que tenha a intenção de ir, e, quando se propuser a ir, vá mesmo. Se não for capaz de fazer isso por amor-próprio, faça-o por sua divindade interior que merece respeito e foi planejada para exigi-lo.

Faça-o pelo seu parceiro e pela lição que ele precisa aprender – a de que para cada ato de desrespeito existe um preço a ser pago.

VÍCIO

À primeira vista, pode parecer que o vício é um assunto que não tem nada a ver com este capítulo. Mas se você está num relacionamento que envolve abuso – verbal, emocional ou físico – e não consegue sair porque acha que ama a pessoa que está abusando de você, é muitíssimo provável que não esteja amando, mas que tenha caído nas garras de um grave vício e precise de ajuda urgente, radical e salvadora, como acontece a qualquer outro viciado.

De certa maneira, o vício de se envolver com uma pessoa ou uma situação abusiva é ainda mais difícil de vencer do que o vício em alguma substância. As comunidades médica, científica e psiquiátrica têm trabalhado com afinco há várias décadas tentando vencer o abuso de substâncias químicas – é mais fácil identificar as respostas físicas ao uso do álcool e de várias drogas de maneira a desenvolver antídotos. Os médicos vêm obtendo crescente sucesso com seus tratamentos, e esse vício finalmente está sendo reconhecido como uma doença. Entretanto, não existe remédio, antídoto ou programa de desintoxicação capazes de pelo menos começar a ajudar o organismo e a mente a vencerem a batalha contra o vício que se estabelece na relação com outra pessoa. Seria uma enorme contribuição à sociedade se as comunidades médica, científica e psiquiátrica empregassem recursos e declarassem guerra também a esse devastador vício do ser humano.

Para eliminar um vício em substâncias químicas é necessário afastar-se completamente das mesmas para o resto da vida. Quando o objeto do desejo é uma pessoa abusiva, em geral ela não tem nenhum interesse em perder o controle e o poder que exerce e faz todo o esforço possível para perseguir e trazer de volta para si o viciado. Embora muito acessível, o álcool não vai pegar o telefone e ligar para você dez ou vinte vezes por dia. Por mais sedutora que seja, a cocaína não vai aparecer de repente à sua porta com um buquê de flores e um cartão de desculpas. A maconha não pode usar a tática de "precisamos ficar juntos pelo bem de nossos filhos", e a heroína não se desculpa, melhora o comportamento por alguns dias ou semanas e promete nunca mais abusar de você. Por isso, enquanto o viciado não tiver força para recusar qualquer tipo de comunicação com o ser abusivo – e este não for impedido de alguma forma de voltar à carga –, a superação desse vício pode ser a luta mais difícil que uma pessoa irá enfrentar em sua vida *e também a mais gratificante, a que mais vale a pena vencer.*

Aprendi com incontáveis clientes, com médicos e psiquiatras com os quais trabalho e com o fato de ter sobrevivido e me livrado de um casamento repleto de abusos que existem maneiras de saber se você se tornou uma pessoa viciada num determinado relacionamento. Aqui estão apenas algumas delas:

Se a sua única justificativa para manter um relacionamento física, mental ou psicologicamente abusivo é "porque eu o/a amo", *isso não é amor, é vício.*

Se os interesses de seu/sua companheiro/a vêm primeiro, acima e além dos interesses dos seu filhos, *isso não é amor, é vício.*

Se você acoberta o comportamento de seu/sua companheiro/a e mente sobre os danos que sofreu, *isso não é amor, é vício.*

Se sua família e seus amigos, que amam você e sempre lhe deram sólidos conselhos, estão implorando para que saia desse relacionamento, e você acha que estão todos contra você porque sentem ciúme, são críticos demais ou estão se envolvendo num assunto que não lhes diz respeito, *isso não é amor, é vício.*

Se você, no fundo do seu coração, sabe que a atitude mais *saudável* a ser tomada é ir embora, mas fica assim mesmo, *isso não é amor, é vício.*

Se você leu esta sessão do livro várias vezes com um sentimento de grande tristeza em sua alma e está prometendo a si mesmo/a que vai tomar alguma atitude "se as coisas não melhorarem", *isso não é amor, é vício.*

E se você descobrir que está em pleno vício, *por favor*, aceite o fato de que, assim como qualquer outra vítima de uso abusivo de drogas, você também sofre de uma doença potencialmente fatal e também precisa de cuidados profissionais com urgência. Não perca nem mais um segundo sentindo qualquer vergonha ou constrangimento. A única vergonha é não fazer nada depois de ter reconhecido a existência do problema.

Muito bem! Dito isto, resta apenas mais uma valiosa orientação que dou aos meus clientes para ajudá-los a encontrar os relacionamentos saudáveis que estão buscando. Ofereço-a também a você, mesmo sabendo que pode não ser o que você deseja ouvir. É uma orientação simples e aparentemente contraditória: *A melhor maneira de encontrar um relacionamento saudável é aprender a amar a sua independência e o prazer de sua própria companhia*.

Para uma pessoa emocionalmente saudável, nada pode ser mais atraente do que alguém forte, alegre, seguro e auto-suficiente o bastante para ser exigente em seus relacionamentos. Alguém que tem muito a oferecer e que busca relacionar-se com uma pessoa porque se interessa verdadeiramente por ela e não por medo de ficar só. Eu nem precisaria ser médium para perceber de imediato a diferença entre clientes que querem encontrar seu par porque desejam investir numa vida que já é boa e aqueles que estão numa busca silenciosa e desesperada por alguém que lhes *dê* uma vida. É fácil diferenciar a pessoa que tem posse de si mesma daquela que vive o desamparo – e até mesmo o desespero – de achar que, sozinha, não está completa.

Se ainda não aprendeu como ser o melhor amigo de si mesmo, a melhor amiga de si mesma, e ter prazer em sua própria companhia, eu adoraria que você parasse agora, lesse ou relesse o capítulo sobre a alegria deste livro e se comprometesse a dedicar dez minutos por dia, durante um mês, ao exercício daquele capítulo que falar mais fundo ao seu coração. Eles foram elaborados para ajudar você a manter a ligação com sua divindade interior, pois quanto mais você reconhecer o seu perfeito valor, mais preferirá estar em sua própria companhia, não aceitando algo inferior ao que os amados filhos de Deus merecem.

AOS OUTROS

Como já disse no início deste capítulo, existem relacionamentos verdadeiramente saudáveis, sólidos, felizes e responsáveis, capazes de crescer e solidificar-se com as crises e dificuldades, e eu não gostaria que os que estão vivendo um relacionamento desse tipo se sentissem excluídos dessa discussão. Na verdade, quero dar-lhes os parabéns. Que maravilha vocês estarem em tamanha harmonia com esse aspecto de seu planejamento! Não permitam que ninguém tente convencê-los de que alcançaram isso por pura sorte. Como todo mundo, vocês são resultado das escolhas que fizeram até agora e devem ser admirados pela opção de saber esperar e só aceitar o melhor.

Peço apenas que façam a si mesmos e aos seus parceiros um favor que irá ajudá-los a se manterem no caminho certo: *Nunca permitam que um único dia termine sem que tenham encontrado uma maneira, mesmo que seja rápida ou sutil, de dizer: "Obrigado, meu Deus, por termos seguido o nosso planejamento e por termos encontrado um ao outro, não para nos completarmos, pois cada um de nós já era completo quando nos conhecemos, mas para nos ajudarmos e apoiarmos, procurando ser ainda melhores e mais felizes do que seríamos se estivéssemos sós."*

EXERCÍCIO

Quero que você se sinta como um tubo de prata oco e cintilante em que a divina luz branca e dourada de Deus brilha até o interior do seu espírito, como se fosse um holofote sagrado, levando embora o medo, a insegurança, centralizando sua alma de maneira a causar um perfeito equilíbrio entre o intelecto e o emocional.

À medida que for sentindo essa luz criar um calor curativo e agradável no mais profundo do seu ser, diga, em voz baixa, essa verdade: "Eu sou parte de Deus, assim como Ele é parte de mim e, juntos, Ele e eu formamos um ser inteiro, intacto, forte, confiante e auto-suficiente. Não preciso de nenhum outro ser humano nesta vida para confirmar o meu valor, pois o meu valor é a minha própria divindade interior, é Deus sempre presente em mim. Todos os outros seres humanos que convido a entrar no meu mundo são um acréscimo, um bônus que complementa a minha rica e completa existência, mas que não é essencial a ela, da mesma maneira que eu também posso complementar a existência de outros seres humanos sem exigir ser essencial."

A luz branca e dourada se concentra ainda mais, formando um fio delicado e cintilante, forte como o aço. Do âmago de sua alma, esse fio se ramifica e começa a se enrolar gentilmente, carinhosamente, por todo o seu ser, envolvendo cada veia, cada órgão, cada célula, aquecendo, curando, purificando e iluminando à medida que avança cada vez mais. Sua respiração se torna mais profunda, mais lenta, mais ritmada, e a cada vez que você expira liberta mais um medo de ficar só, mais um falso sentimento de dependência, mais um pavor de que, sem os outros, você não seja um ser completo, mais uma mentira obsessiva de que qualquer outra pessoa, menos você, é capaz de lhe trazer felicidade e preencher sua vida.

Inspirar torna-se cada vez mais fácil à medida que o fio branco e dourado vai se desenrolando, deixando em seu rastro o toque sagrado de Deus, recolhendo-se novamente ao âmago de seu espírito, intensificando-se outra vez para formar aquele holofote, aquele amor por si mesmo, aquela certeza absoluta de que você e Ele são tudo o que você necessita e de que os outros precisam merecer chegar até o seu coração através de respeito, confiança, honestidade, lealdade e do amor incondicional que cada um dos filhos de Deus merece.

AFIRMAÇÃO

"Querido Deus,

Eu sei que, com a Sua orientação, elaborei meu planejamento e incluí nele muitos relacionamentos – alguns com os quais devo aprender e em seguida rejeitar, para o crescimento de minha alma, e outros que irão me ajudar a celebrar o meu próprio valor. Peço a sabedoria e a clareza de saber diferenciá-los, a força para agir de acordo com essa diferença e a firme intenção de nunca mais aceitar nada e ninguém cujo crescimento espiritual seja inferior ao meu e obscureça a visão da minha divindade interior, que é o meu bem maior. Amém."

CAPÍTULO 10

Família e amigos: nossas escolhas

"O destino escolhe os nossos parentes, nós escolhemos os nossos amigos." Esta é uma citação antiga, aceita durante muito tempo como verdade. Mas é completamente equivocada.

A verdade é que nós escolhemos cada um dos membros de nossa família quando elaboramos o nosso planejamento, antes de virmos para a Terra, de acordo com os objetivos e necessidades para a existência que vai se iniciar. Se você acha que me alegro com o fato de sermos responsáveis por essas escolhas, é porque não conheceu minha mãe ou alguns contraparentes sobre os quais prefiro nem falar. Mas espero que você também sinta algum alívio ao lembrar-se que tivemos motivos para cada uma das nossas escolhas. Mesmo aquele parente mais difícil nos dá oportunidades de aprender, e, se você pensar bem, todas as pessoas têm algum aspecto interessante. Basta abrirmos as nossas mentes para perceber o que há de positivo, em vez de optarmos pelos aspectos frustrantes.

HISTÓRIA FAMILIAR

Não estou me referindo à árvore genealógica tradicional, que nos ajuda a traçar nossa herança genética. Estou falando de uma realidade:

quando escolhemos a dedo os nossos parentes, escolhemos alguns que não conhecíamos antes e que podem apenas exercer um papel secundário na história desta existência, mas escolhemos também alguns com os quais compartilhamos uma história longa e muitas vezes complicada de vidas passadas, com a qual ainda estamos trabalhando.

Mesmo que você não acredite na idéia de vidas e ligações passadas, examine mentalmente cada um dos membros de sua família, só de brincadeira, incluindo tias, tios, primos, contraparentes, e pergunte-se: "Eu já conhecia você antes?" Se aceitar a primeira resposta que lhe vier à mente – é importante manter a mente aberta, sem preconceitos ou resistência –, provavelmente sentirá um sim ou um não imediatos na resposta de cada pessoa em quem pensar. E essas repostas não seguem necessariamente uma linha lógica. Você pode descobrir que não sente nenhuma ligação especial com um irmão, uma irmã, seu pai, sua mãe, enquanto um primo, uma tia-avó ou um sobrinho podem lhe inspirar um forte sentimento de que, sim, "tenho uma história com essa pessoa, boa ou ruim, que desafia os limites desta existência".

Meu pai e eu compartilhamos juntos muitas vidas. Meus dois filhos e eu já nos conhecemos em várias outras existências. Na verdade, um deles, com quem fui casada no século doze, me manteve trancada numa torre onde ele podia me vigiar todo o tempo. Nove séculos depois, ele comprou para mim uma casa no alto de uma colina, bem em frente à casa dele, mas distante o suficiente para que cada um tivesse a sua privacidade preservada. No entanto, ele consegue enxergar as luzes de minha casa para ter certeza de que cheguei sã e salva e na hora certa. Uma de minhas noras e eu compartilhamos duas existências, um de meus netos e eu tivemos várias encarnações em comum e minha neta, Angelia, é literalmente a reencarnação de minha adorada avó Ada. Quanto à minha mãe e eu, a presente existência foi mais do que suficiente, e minha irmã e eu não tivemos nenhum conhecimento anterior.

Alguns relacionamentos de vidas passadas dentro de uma mesma família podem criar uma dinâmica positiva, saudável e até suave na vida presente. Tenho uma cliente cuja mãe foi sua melhor amiga numa vida anterior, e sua gêmea idêntica numa outra, e o elo entre as duas é até hoje maravilhoso. Uma outra cliente foi mãe de sua própria mãe em duas vidas passadas. Desde que era pequena, essa cliente tomou conta da mãe, que sofria de uma doença crônica, com uma habilidade e uma dedicação impressionantes, sem uma gota de revolta, pois isso sempre lhe pareceu uma atitude completamente natural. Um outro cliente idolatrava o pai e não ficou surpreso quando, durante uma regressão hipnótica, descobrimos que o pai tinha salvado sua vida durante a Guerra Civil norte-americana.

Outras ligações de vidas passadas dentro de uma mesma família podem criar situações grotescas. Um exemplo é o caso de Danielle, que teve uma infância terrível, tendo sido molestada sexualmente pelo próprio pai desde os cinco anos até o dia em que ele morreu. Danielle tinha quinze anos e a mãe sempre a culpou por "permitir que aquilo acontecesse". Descobrimos que a mãe a desprezava devido a uma rivalidade romântica entre as duas no século dezessete, na França, e seu pai a tinha raptado e vendido como escrava dois séculos depois.

Já que escolhemos cada um de nossos familiares, é fácil entender por que selecionamos aqueles que são positivos e protetores. Mas por que eu escolheria uma mãe abusiva e sociopata, e por que Danielle insistiria em pais tão obscenos e indesculpáveis? A resposta para as perguntas sobre membros negativos de nossa família é a mesma para toda e qualquer outra negatividade que enfrentamos nesta vida – nós os colocamos em nosso caminho para aprender com eles, superar as situações que criam e deixar que nos impulsionem em direção aos nossos objetivos com mais força e poder. No meu caso, posso afirmar com toda a honestidade que o meu ardente compromisso de ser a melhor e mais protetora das mães me foi inspirado pelo pesadelo que vivi na infância, sendo filha da menos protetora delas. Quanto a Danielle, ela acabou se tornando uma das professoras mais incansáveis e uma das mais apaixonadas defensoras dos direitos das crianças na esperança de salvar cada ser indefeso do inferno a que foi submetida.

Vamos deixar algo bem claro: se você for um pai ou uma mãe abusivos, se for um adulto e estiver abusando, permitindo ou preferindo ignorar os abusos que uma criança de sua família está enfrentando, há algumas conseqüências que você pode esperar, com toda a certeza. Uma delas é que qualquer sucesso que essa criança venha a alcançar nesta vida acontecerá apesar de você e não por sua causa, por isso não pense em congratular-se ou em diminuir o horror do que está fazendo. Outra é que, na improvável chance de que consiga prosseguir nesta existência sem sofrer graves conseqüências, leia sobre o Lado Negro no capítulo sobre a culpa e descubra o que deve esperar no fim desta vida, caso não tome providências para mudar seu comportamento. E ainda uma terceira é que, se você escreveu um planejamento que inclui o impulso de abusar dos membros de sua família, incluiu-o para aprender a controlá-lo e não para se deixar dominar por ele, não importa quanto esforço e ajuda sejam necessários para que você consiga esse intento.

"TENHO DIREITO AOS MEUS SENTIMENTOS"

Não estou lhe contando nenhuma novidade quando digo que as relações familiares são tão complicadas quanto quaisquer outras que iremos enfrentar em nossas vidas. Veja o meu próprio exemplo. No capítulo "Descobrindo o sentido da vida" falo sobre a linha de opção que escolhemos para cada existência, a área na qual precisamos trabalhar com mais afinco e onde encontraremos os problemas mais difíceis de serem resolvidos. Escolhi o tema "família" como linha de opção e isso tem sido bem evidente em toda a minha trajetória. Na verdade, algum dia vou escrever, contando em detalhes o momento em que enfrentei aquele capítulo em particular e o quanto me senti tentada a evitar abordá-lo neste livro. Entretanto, não importa qual seja a sua linha de opção, famílias são sempre um fenômeno extraordinário. É um grupo de pessoas que escolheram a si mesmas antes de chegarem à

Terra, algumas que já se conheceram em muitas outras existências, outras que são completamente estranhas e que podem ou não se sentir ligadas umas às outras. Todas sabem que devem sentir alguma ligação, pois, afinal, têm o mesmo "sangue", e todas escolheram umas às outras por objetivos específicos, ainda que esses objetivos não sejam compatíveis ou claros. Se você observar bem, encontrará em todas as famílias variados graus de amor, ressentimento, rivalidade, respeito, desentendimento, coragem, covardia, ternura, apatia, lealdade, traição, o melhor e o pior tratamento possíveis, cada um desses ingredientes ampliado às vezes por uma proximidade voluntária, outras, por uma proximidade forçada. Nos grupos familiares encontraremos os mesmos problemas que enfrentaremos em sociedade, o que faz dos relacionamentos em família uma excelente ocasião de aprendizado.

Por exemplo, as famílias são o lugar perfeito para se analisar aquela popular desculpa para um mau comportamento: "Tenho direito aos meus sentimentos." No que eu chamo a "década do eu", os anos setenta, parece que se decidiu que não havia nada mais sagrado, mais importante, mais premente, mais digno de respeito e atenção do que os "nossos sentimentos". Fomos encorajados a nos orgulharmos por estar "em sintonia com nossos sentimentos", usando-os como principal critério para determinar nossas ações. Infelizmente, no meio de toda essa obsessão, alguém se esqueceu de dizer que *nem todos os nossos sentimentos são oportunos e nem todos devem guiar nossas atitudes*. Este fato é esquecido com mais freqüência dentro da família, onde a proximidade e a intimidade criam a falsa impressão de que podemos nos comportar da maneira que bem entendermos e deixar "nossos sentimentos" ditarem o tratamento que damos uns aos outros.

Quase todos os dias encontro clientes em meu consultório que apóiam seus atos em duas arrogantes afirmações: "Tenho direito aos meus sentimentos" e "Não posso evitar". Quase nenhum deles tem consciência do enorme estrago que está causando à própria família e, em última análise, a si mesmos. Daren é um exemplo perfeito. Casado, pai de três filhos, rico, um profissional bem-sucedido. Ele veio me procurar para entrar em contato com o pai. Pude logo perceber que havia um problema mais angustiante e perguntei se ele sabia que a esposa estava pensando seriamente em deixá-lo, levando junto as crianças, não por causa de um outro homem, mas por desejar uma vida mais pacífica, com maior estabilidade emocional, longe do temperamento explosivo e rude do marido. Ele não poderia ter levado um susto maior. Começou a justificar-se dizendo que "era claro" que, após um longo e estressante dia de trabalho, ele desse uns gritos com os filhos quando eles o deixavam irritado, e às vezes chamasse a mulher de "imbecil" ou "cabeça-de-vento" quando ela se atrapalhava em casa. Mas isso era "normal". Ele era o "dono da casa" e "tinha o direito" de perder a cabeça devido a todos os problemas que enfrentava no trabalho. Além disso, "não conseguia evitar". Perguntei a Daren se também dava uns gritos com o chefe quando este o irritava. Não. Perguntei se chamava o chefe de imbecil ou de cabeça-de-vento quando ele fazia alguma coisa errada. É claro que não. E, já que o trabalho era o motivo de todo aquele estresse, será que ele perdia a cabeça no escritório? Imagine só. "Ora, se você é capaz de controlar sua frustração até chegar em casa é sinal de que *pode* evitar, não é?", perguntei. Daren ficou em silêncio. Eu prossegui: "E se você 'tem o direito' de perder a cabeça por causa do estresse do trabalho, por que não exercer esse direito no escritório, onde está a causa do problema?" Ele sorriu sem graça e respondeu: "Porque ninguém no escritório é obrigado a tolerar isso."

Em outras palavras, segundo Daren e segundo a maioria das pessoas, a família *é* obrigada a tolerar um tratamento ao qual jamais sujeitaríamos um chefe, um colega, um amigo ou mesmo um conhecido. Além disso, a conseqüência de ser rude, agressivo e temperamental no trabalho é perder o emprego. Mas como a família não pode se livrar de nós com tanta facilidade, nosso comportamento em relação a ela não precisa ser reprimido.

Daren se relacionava bem com a maioria dos colegas de trabalho. Mas mesmo aqueles de quem ele não gostava recebiam um tratamento muito melhor, mais cortês e paciente do que o dispensado à família, a quem ele amava e que o amava também. Não preciso ter dons mediúnicos para saber quantas pessoas fazem o mesmo, dedicando o melhor de seus esforços ao resto do mundo e utilizando a família como válvula de escape para o mau humor e a frustração. Por achar que na família temos direito a expressar nossos sentimentos, sem precisar controlá-los, acabamos obrigando-a a conviver com o pior e não com o melhor de cada um de nós.

Repito: não há um único membro de nossa família que não tenha sido escolhido por nós, da mesma maneira que não existe um único membro de nossa família que não nos tenha escolhido. E nós nos escolhemos por algum motivo, por alguma lição que nos trará algum benefício, se partirmos do princípio de que todas as pessoas com quem nos relacionamos têm um valor específico para alcançarmos os objetivos desta existência. Só por esse motivo cada membro de nossa família merece o respeito básico devido a qualquer pessoa que esteja cumprindo algum propósito por nós. Não me entenda mal, não estou dizendo que somos obrigados a gostar de todos os nossos parentes. nem estou afirmando que, só por sermos parentes, temos a obrigação de concordar uns com os outros em cada circunstância, cada escolha, cada estilo de vida. Também não estou dizendo que devemos deixar a palavra *família* nos obrigar a aceitar o inaceitável e perdoar o imperdoável. Entretanto, estou dizendo, sim, que é hora de começar a tratar com boas maneiras, civilidade, respeito e gentileza as pessoas com quem escolhemos nos relacionar, em vez de esperar que elas se satisfaçam com o resto da paciência e da cortesia que dedicamos aos outros.

Para muitos, o exercício que se segue será o mais difícil deste livro, mas espero que você tente, pelo menos, fazer uma experiência para descobrir se é mais difícil ou mais fácil do que imaginava. *Reúna os membros de sua família e proponha este acordo: escolham um dia da semana em que todos irão se esforçar para ser amáveis e atenciosos uns com os outros. Não estou me referindo a importantes mudanças de personalidade, apenas a detalhes básicos como dizer "por favor", "obrigado", "de nada", e decidir firmemente que insultos, palavrões, gritos e discussões não serão tolerados.*

A fazer um elogio, chegar em casa na hora certa, perguntar "tudo bem com você?" e ouvir a resposta com atenção, procurar maneiras simples de ser útil, telefonar para um parente solitário ou que esteja enfrentado problemas só para perguntar se está tudo bem – ou seja, comportamentos comuns e decentes. Se não puderem agir com espontaneidade, façam de conta, da melhor maneira que conseguirem. Se algum de vocês não quiser participar, tudo bem. Parte do desafio deste exercício é não permitir que uma atitude negativa prejudique o bom comportamento que decidiram adotar durante o dia. Para cada infração – cada tom agressivo, cada comentário descuidado, cada indelicadeza –, aquele que a cometeu deverá depositar uma moeda num determinado recipiente. O dinheiro arrecadado deverá ser gasto em algo que beneficie toda a família e que será escolhido através do voto. Façam isso um dia por semana durante seis meses e garanto que ficarão mais do que surpresos diante do desafio que essa atitude representa e da diferença que ela pode causar.

Afinal, será que um dia por semana de comportamento respeitoso com sua própria família não vale o esforço, já que são vocês que irão colher a vasta maioria dos frutos, beneficiando ainda o progresso do seu planejamento?

ALGUMAS PALAVRAS SOBRE A TRAIÇÃO EM FAMÍLIA

Gostaria de não saber nada sobre traição dentro da mesma família, gostaria que esse assunto não aparecesse pelo menos dez vezes por semana durante minhas sessões mediúnicas. Se você já sofreu alguma traição vinda de um membro da família, sabe que a dor é muito mais profunda e costuma resultar em anos de sofrimento e cisão entre familiares, cuja lealdade e senso de justiça acabam sendo testados de uma maneira que eles jamais gostariam ou mereceriam. Geralmente, os laços que unem a família, e que o traidor tanto desejava utilizar em seu próprio benefício, são exatamente o que ele usa como arma para exigir que o compreendam e o perdoem.

Uma cliente chamada Sarah ilustra muito bem o que estou dizendo. Sua prima, Annie, que estava prestes a perder o automóvel, pediu emprestado quatro mil e quinhentos dólares para pagar o financiamento, aproveitando-se da notória dedicação que minha cliente dispensava à família. Annie não fez o menor esforço para pagar o empréstimo e reclamou com todos os que se dispuseram a ouvi-la dizer o quanto Sarah a incomodava tentando recuperar o dinheiro emprestado. Finalmente, após dois anos sem nada receber, Sarah fez uma queixa no juizado de pequenas causas e ganhou a causa. Annie começou a dividir a família em grupos inimigos, trazendo o assunto cada vez que se reuniam, comentando a deslealdade de Sarah, que "arrastara a própria prima a um tribunal por causa de uns míseros quatro mil e quinhentos dólares". O fato de Sarah, e não Annie, ser a vítima acabou sendo esquecido, mas, por causa de quatro mil e quinhentos dólares, um numeroso grupo de pessoas vem guardando rancores há quase uma década.

Já ouviu essa história antes? Eu ficaria muito surpresa se sua resposta fosse não. Baseada em minha própria experiência e na de centenas de clientes nos meus quarenta e nove anos de sessões mediúnicas, a história de familiares tirando vantagem uns dos outros e esperando tratamento especial por serem da "família" é terrivelmente comum. Empréstimos não pagos, traições com namorados ou cônjuges de parentes, roubo, mentiras, desonestidade e ganância na questão de heranças: parece ser muito rara a família em que alguém não tenha cruzado a fronteira da completa traição, e o fato de *ser* uma família torna a situação ainda mais dolorosa.

Se você já sofreu uma traição dentro da própria família, espero que releia o capítulo sobre o perdão e o leve a sério, inclusive o fato de algumas atitudes serem realmente imperdoáveis e terem que ser colocadas nas mãos de Deus, *mesmo quando o traidor é um membro da família*. Incluir uma traição no planejamento significa que tínhamos a intenção de aprender com ela e, no final, colher algum benefício. Se estivermos realmente conscientes disso, e nos recusarmos a nos submeter por causa da consangüinidade, menos ficaremos tentados a provocar um drama na família.

Por outro lado, se for você a pessoa que traiu, sinto muito, mas não é possível querer justificar-se apontando para o seu planejamento e dizendo: "Viu? Eu não tinha como evitar, estava escrito no meu mapa antes mesmo de minha chegada à Terra." Você planejou a oportunidade de trair alguém, e tinha duas alternativas: ceder à tentação e trair ou ter força suficiente para resistir. Se optou por trair um membro da família, não passou num teste que elaborou para você e deve se preparar para conseqüências graves que, com certeza, virão. Há uma em especial, que você irá descobrir mais cedo ou mais tarde, mesmo que, aparentemente, num primeiro momento, tenha tirado vantagem da traição: *Não existe felicidade duradoura que tenha raízes na traição.*

Esta verdade é tão importante que vou repeti-la:

Não existe felicidade duradoura que tenha raízes na traição.

AMIGOS

Nosso intenso desejo de ter amigos – amigos *de verdade*, honestos, leais, amorosos – é algo que trazemos de nossas maravilhosas vidas no Lar. No Outro Lado, onde a versão terrena da família tradicional não existe, nossos amigos são nossa família, nossos companheiros, nossos confidentes, nossa alegria. São as almas com quem temos afinidade e com quem compartilhamos os prazeres do paraíso e, freqüentemente, os rigores da Terra, pois muitos de nós decidimos encarnar juntos.

O complicado é que ficamos mal habituados no Outro Lado, pois, como lá é impossível tomar decisões erradas, não existem entidades negras, não há egoísmo, intenções disfarçadas, inveja, competição, manipulação, não corremos o risco de nos enganarmos na escolha de amigos. Somos naturalmente atraídos por entidades com quem partilhamos os mesmos interesses, que têm o mesmo senso de humor, os mesmos objetivos. Por isso não precisamos nos preocupar: se estamos à procura de amigos leais, íntegros e amorosos, podemos encontrá-los de olhos fechados quando estamos no Lar.

Não podemos nos dar ao luxo de tal privilégio aqui na Terra. Quantos amigos verdadeiros você tem, aqueles em quem confia incondicionalmente? Tenho certeza de que são muito poucos, e estou hoje convicta de que mais vale a qualidade do que a quantidade. Amigos verdadeiros são um tesouro inestimável.

Assim como escolhemos cada membro de nossa família ao elaborarmos nosso planejamento, escolhemos também nossos amigos. Nós os incluímos pela mesma razão que incluímos tudo o mais, seja bom ou ruim, alegre ou triste, sucesso ou fracasso: para aprender, crescer e progredir espiritualmente. Uma das maiores dificuldades para discernir entre os amigos que devemos acolher na Terra e os que devemos manter longe de nós é que, como colocamos todos eles em nosso planejamento, experimentamos o mesmo reconhecimento imediato, a mesma familiaridade, o mesmo "É você!" quando estamos diante deles, sem saber ao certo quem é quem. Identificá-los é uma lição que, em geral, precisamos aprender da maneira mais difícil, como a maioria das lições cujo valor é duradouro.

Pela lógica, deveria ser fácil perceber quando escolhemos mal um amigo, pois as amizades, ao contrário dos relacionamentos românticos, não costumam passar por aquele estágio inicial de idealização. Na verdade, uma das definições de amigo é aquela pessoa com quem podemos relaxar completamente e ser nós mesmos, com todos os nossos defeitos, o que facilita conhecer mais rapidamente o caráter da pessoa com quem mantemos uma amizade. O problema é que, a menos que estejamos muito atentos e conscientes, nossa tendência é nos concentrarmos mais na sensação do "É você!" do que nos sinais que nos mostram se devemos investir nessa amizade ou sair correndo o mais rápido possível.

"Você precisa conhecer meu amigo Joe", somos capazes de dizer, achando graça. "Que figura! Ele consegue tirar dinheiro de qualquer um." Ou: "Minha amiga Mary é muito divertida, mas não consegue manter distância dos maridos alheios." Ou: "Adoro minha amiga Denise, ela sabe das melhores fofocas sobre todos os nossos amigos." Ou: "Meu amigo Nick não diria a verdade nem se a vida dele dependesse disso." Ou: "Esse meu amigo Billy é impossível, tem um ótimo emprego mas vive chorando miséria." E então Joe arranca o *nosso* dinheiro, Mary se insinua para o *nosso* marido, Denise fala de *nós* pelas costas, Nick mente e *nos* engana e Billy *nos* dá um calote.

Aqui vão algumas orientações para ajudar você a recolocar seu planejamento no caminho certo quando estiver enfrentando um dilema sobre um amigo. Primeiro, e sempre, *procure ser perspicaz antes e não depois do fato*. Lembre-se, não importa quais sejam nossos objetivos específicos para esta existência, nosso maior desafio geral é superar tudo o que é negativo. Por isso, honrar um falso amigo com o nosso valioso tempo e nosso afeto é uma garantia de nos desviarmos do caminho. Em segundo lugar, imagine o impulso que daremos ao nosso planejamento, e talvez ao planejamento daqueles pretensos amigos, se declararmos claramente que, para a amizade sobreviver, não pode haver truques/traições/fofocas/empréstimos não pagos entre nós. Estabelecendo essas regras, afirmamos a importância que damos aos nossos valores e deixamos para eles a opção de aceitar essas regras ou dizer adeus. De qualquer maneira, com ou sem esses amigos, estaremos fazendo uma declaração fundamental para a nossa divindade interior: para sermos amigos ou conquistarmos uma amizade é preciso exigir o melhor de nós mesmos e dos outros. Exigir não é obter imediatamente e sem tropeços, mas é ter a reta e firme intenção de sermos leais, sinceros e íntegros.

EXERCÍCIO

Quero que você se sinta como se estivesse caminhando num campo repleto de flores. Uma brisa leve carrega consigo o alegre cantar de pássaros dis-

tantes e o doce e delicado aroma de rosas. O sol brilha, aquecendo o seu rosto e trazendo felicidade. A cada novo passo sobre a grama macia seu andar se torna mais rápido, pois você sente o verdadeiro prazer de perceber o quanto está em paz, segurança, seu ser cheio de vitalidade. Não há ninguém por perto e você usufrui a liberdade da solidão.

Você pára e descansa numa pérgula de jasmineiros perfumados. Sua mente e seu corpo relaxam, libertam-se do estresse, das preocupações, da dor. Sua respiração se torna mais lenta e profunda. Completamente feliz, observando que o sol está se pondo e colorindo o céu azul com delicadas linhas cor-de-rosa, você fecha os olhos e cai num sono reparador.

De repente, você abre os olhos novamente e acorda com a desagradável consciência de que a cálida brisa transformou-se num vento frio e ameaçador, sinalizando a chegada de uma tempestade. Você se levanta e olha ao redor, sentindo-se só, com medo, naquela infinita extensão escura. Sua mente lógica lhe assegura que Deus está com você, assim como o seu Guia Espiritual e os Anjos, mas você anseia pelo toque firme da mão humana levando em direção a um distante lugar seguro. Com medo, você avança alguns passos na grama fria e úmida e se dá conta de que, pelo menos nesse instante, nessa noite escura, está sem rumo. Você deixa escapar um grito de socorro, mas sua voz é abafada pelo barulho de um trovão.

Você olha para todos os lados, sentindo o pânico aumentar cada vez mais, quando, de repente, uma meia-lua branca torna-se visível entre as nuvens e ilumina um pequeno grupo de pessoas que se juntam ao seu redor, protegendo você do vento. Você sente o calor de sua presença e ouve silenciosas palavras de tranqüilidade: "Sou sua irmã. Sou seu avô. Sou seu amigo, sua mãe, seu irmão. Nós protegeremos uns aos outros e encontraremos juntos o caminho de volta para casa."

Mãos fortes tomam as suas. Braços reconfortantes envolvem seus ombros. Aquele pequeno e amado círculo familiar fecha-se ao seu redor, enquanto as nuvens parecem dissipar-se, deixando a lua e um manto de estrelas brilharem, iluminando um caminho largo, livre de perigos, longe da desoladora solidão, longe do medo que tomou conta de você quando pensou que estava só enfrentando tudo. Juntos, vocês seguem pelo caminho, protegidos, *protegendo, sem nenhuma pressa, pois você percebe que, na segurança daquela ajuda, já encontrou o caminho de casa.*

AFIRMAÇÃO

"Que eu me lembre, no decorrer deste dia, que a luz do meu espírito brilha com toda a sua força quando eu a utilizo para iluminar o caminho dos familiares e amigos que escolhi para dividir essa breve etapa de minha jornada eterna."

CAPÍTULO 11

Festas de fim de ano: um período difícil

Sempre digo que, se o fato de não ter companhia durante as festas de fim de ano lhe causa depressão, venha passá-las em minha casa e ouça minha família brigando. Acredite, você vai desejar *ansiosamente* ficar só. Isso não quer dizer que haja um problema especial em minha família. Alguns de nós são loucos pelos outros. Alguns são apenas loucos. Alguns não deviam estar na mesma sala, quanto mais na mesma família. Todos os anos, porém, em determinadas ocasiões, como se fôssemos escravos do calendário, nós nos reunimos, obedientemente, trocamos presentes inúteis, bebemos ponche, que todos detestam, e tentamos fingir que nenhum de nós tem problemas, está estressado, viajou muitas horas para chegar ali, quase se matou para fazer as compras, embrulhou presentes em excesso, decorou a casa em excesso, gastou mais do que podia, cantou mais músicas de Natal do que gostaria e cozinhou mais do que suportaria. Todos nós fingimos que não estamos loucos por um pouco de privacidade, um banho quente e uns cinco dias de sono profundo.

Você não precisa que eu lhe diga o quanto as festas de fim de ano podem ser difíceis. Você sabe muito bem que essas festas são exploradas ao máximo pelo comércio. Mas não sei se você sabe que o número de suicídios aumenta nesses feriados, e talvez se surpreenda se eu lhe disser que os chamados de urgência para uma ajuda ou uma palavra de conforto quadruplicam em meu consultório entre o Dia de Ação de Graças, no final de novembro, e 1.º de janeiro. Há um aumento nas taxas de criminalidade, no número de acidentes de automóvel, de prisões de motoristas bêbados, assim como de incidentes envolvendo violência doméstica e agressões. Nada parecido, tenho certeza, com o que imaginávamos ser a forma ideal de se desejar um feliz aniversário a Jesus e inaugurar o ano que se inicia.

Certamente não pretendo ignorar a existência de pessoas que adoram as festas de fim de ano. Mas estou convencida de que a felicidade ou infelicidade dessas festas ocorrem exatamente pela mesma razão: essas datas têm uma forma toda especial de lançar intensos holofotes sobre as nossas vidas, realçando o bom e o ruim, trazendo lembranças alegres ou dolorosas, obrigando a uma série de rituais que tanto podem causar prazer quanto serem um fardo insuportável. Sobretudo há toda uma expectativa – quase uma imposição – de alegria eufórica e de clima de festa. Se a vida estiver correndo bem e nossas lembranças de festas passadas forem essencialmente alegres, é provável que encontremos prazer em celebrá-las. Mas se os tempos forem difíceis ou se nossas lembranças nos fizerem ter vontade de nos esconder debaixo da cama até o fim das festividades, teremos a sensação de que elas não passam de uma carga imposta e sem sentido.

Repito, dependendo das circunstâncias, qualquer época de festas pode nos trazer uma sensação de tristeza, por mais que nos esforcemos para sorrir e suportá-la de uma maneira mais positiva. Minha amiga, Lindsay, sofreu a morte de três entes queridos muito importantes na época do Natal, o que a faz desejar descobrir uma forma de acelerar o tempo entre meados de novembro e a primeira semana de janeiro. Perdi meu pai na Páscoa, e a mera visão de ovos de chocolate faz meu coração doer, sem falar no vazio que ainda toma conta de mim no Dia dos Pais. Tenho uma cliente cuja mãe suicidou-se por vingança no Dia das Mães. A noiva de um outro cliente morreu afogada no Dia de Ação de Graças e, exatamente um ano depois, ele perdeu seu melhor amigo, de AIDS. Exemplos de tragédias ligadas a festas são inúmeros entre amigos, familiares e clientes.

Existem também pessoas para as quais as festas de fim de ano tornam mais aguda a sensação de que os tempos estão difíceis e que há muito pouco a celebrar. Problemas financeiros, doenças, uma separação, estar longe da família e dos amigos, qualquer sensação de falta ou de ruptura podem causar até pavor das grandes festas. Houve um período tão difícil para mim, que simplesmente avisei a família que, apesar do meu amor por todos e da decepção que iria causar a meus netos, não tinha qualquer condição de celebrar o Natal. O máximo que consegui fazer foi dar presentes para as crianças e retirar-me para um local isolado e silencioso, onde aproveitei para meditar na natureza. Não me senti nem um pouco culpada por não celebrar da forma oficial o nascimento de Cristo. Faço isso 365 dias por ano, da melhor maneira que posso, através do meu modo de vida. Tenho certeza de que Ele faria a mesma escolha se tivesse que optar entre a minha atitude e uma corrida desesperada que nos leva a um turbilhão de providências e dívidas pesadas nos cartões de crédito.

Continuarei também a seguir os conselhos que sempre dou a meus clientes sobre a melhor maneira de atravessar essa época do ano. Independente do que você sinta em relação às festas, seja apreensão ou alegria, espero que as próximas páginas possam lhe trazer conforto e que sejam bastante úteis.

CONSELHOS PARA SOBREVIVER ÀS FESTAS DE FIM DE ANO

Eu adoraria que você fizesse isso todas as manhãs de sua vida e todas as noites antes de dormir, mas quero que faça principalmente antes, durante e depois de cada festa: procure uma proteção espiritual adicional contra a inevitável negatividade que cerca esse período. Visualize a luz branca do Espírito Santo cercando você e seus familiares. Depois, em sua mente, monte um círculo perfeito de espelhos ao seu redor, todos eles virados para o lado externo. Este círculo se moverá para onde você for. Enquanto estiver dentro do círculo, qualquer negatividade que se aproximar, em vez de chegar a você, será refletida de volta e afastada.

Há muitos anos fiz com meus amigos mais íntimos e com os membros adultos da família um pacto que tem representado um enorme alívio para todos nós, financeira e emocionalmente. É muito simples: concordamos em não trocar presentes de Natal. Ponto final. Em vez disso, empregamos o dinheiro e a energia para tornar esse dia tão mágico para as crianças quanto for possível, numa tentativa de oferecer a cada uma delas lembranças agradáveis e inesquecíveis, que irão durar muito mais do que qualquer presente que pudéssemos comprar. E então, durante o ano, quando a pressão diminui e somos motivados pelo amor e não pela obrigação, nós adultos nos presenteamos em nossos aniversários, ou mesmo sem qualquer motivo específico, a não ser o afeto e o desejo de dar alegria com algo especial, mesmo muito pequeno.

Existe uma tradição maravilhosa que fará você se sentir muito bem e que ensinará aos seus filhos uma bela lição de amor para ser utilizada durante toda a vida. Uma noite, duas ou três semanas antes das festas, junte sua família, forneça papel de embrulho, caixas e fitas. Cada um de vocês deverá escolher um item entre seus próprios objetos, fazer um bonito embrulho e entregar anonimamente numa creche, numa instituição filantrópica, num asilo de velhos, na casa de uma família carente, numa escola ou hospital públicos.

Se não tiver crianças para presentear, inclua assim mesmo um brinquedo em sua lista de compras e leve-o até um orfanato ou à enfermaria infantil do hospital mais próximo, onde, tenho certeza, existe uma criança para quem esse simples gesto pode fazer toda a diferença do mundo. E se, como acontece a todos nós de tempos em tempos, você não tiver um dinheiro extra para gastar, ofereça o seu tempo e seu coração. Essas mesmas crianças ficarão muito felizes se você ler para elas, brincar ou apenas conversar e ouvir o que têm a dizer, demonstrando que todas as crianças – todas elas – são os seres humanos mais divinos sobre a Terra e merecem ser cuidadas e respeitadas por cada um de nós.

Lembre-se, se não quiser, você não precisa ficar só nos feriados de fim de ano. Existem inúmeros abrigos e instituições que precisam de voluntários todos os dias do ano, principalmente nos dias em que a maioria das pessoas está tão ocupada viajando e comemorando que não têm tempo para mais ninguém, a não ser para elas mesmas.

Se você conhece alguém que vai estar sozinho nos feriados, inclua essa pessoa em seus planos e convide-a afetuosamente para cear em sua casa. Faça-o, porém, sem pressionar, dando-lhe a opção de decidir se quer ou não juntar-se a você. Passei pela experiência – e tenho certeza de que você também passou – de me sentir mais sozinha numa sala cheia de conhecidos do que se tivesse ficado em casa na minha própria companhia. Este sentimento pode se tornar ainda mais intenso nas datas em que nos foi ensinado que precisamos estar cercados de familiares e de amigos.

Mais uma vez, não hesite nunca em pedir ajuda. Não é vergonha sentir depressão, ansiedade, solidão ou tristeza. Muito mais pessoas do que você imagina passam por isso nessa época. Se o sentimento for especialmente intenso, procure um médico, um terapeuta, uma clínica, um pastor, um rabino, um conselheiro, seja quem for que possa ajudar.

Com todo o respeito às empresas de vendas por catálogo, que oferecem os mais variados produtos, não seria maravilhoso, pelo menos num fim de ano, que esse dinheiro gasto numa lista de presentes inúteis fosse doado às instituições de caridade indicadas pelas pessoas que os iriam receber?

Finalmente, se as festas de fim de ano são uma época de alegria especial para você, faça com que sejam um tempo de ação de graças. Agradeça cada dia a Deus por Suas muitas bênçãos. A resposta que Deus dará aos seus agradecimentos multiplicará sua alegria e bem-estar, dando a você ainda mais para dividir, dia após dia, ano após ano, pelo resto da eternidade que Ele prometeu a todos nós.

AFIRMAÇÃO

"Senhor,

Mais um outro Natal – uma celebração do amor de Deus que nasceu entre os homens. Queremos que esse amor se expresse em cada gesto, palavra, ação nossa, para que se espalhe pelo mundo, tornando-o melhor, mais justo, mais fraterno.

Que nosso presente seja estar sempre em contato com nossa divindade interior e viver nossa vida de acordo com o exemplo que o Senhor nos trouxe há mais de dois mil anos.

Que possamos crescer no caminho de nossa própria perfeição, sem nos deixar paralisar por culpas e ressentimentos.

Que, seguindo os seus ensinamentos, encontremos o templo do Espírito Santo dentro de nós.

Seu presente para nós foi não apenas o Seu nascimento, mas a Sua vida. Peço-lhe que ela se manifeste através de mim e de todos os seres humanos durante o ano que começa, para que estejamos juntos e unidos no amor de Deus. Amém."

PALAVRAS FINAIS

Que a sua vida possa ser enriquecida todos os dias, a cada minuto, por bênçãos não apenas do Outro Lado, mas também do fundo do meu agradecido coração. Desejo a você muita alegria. Desejo a você muita paz. Desejo a você o calor da chama de sua divindade interior, que arde eternamente em seu espírito, e a luz dessa chama, para que todos possam enxergar. Até o nosso próximo encontro, aqui na Terra ou no paraíso divino do Lar –

Deus ama você. Eu amo você.

CONHEÇA OUTROS LIVROS DA AUTORA E UMA SELEÇÃO DE TÍTULOS DE ESPIRITUALIDADE

Sylvia Browne
– O Outro Lado da Vida
– A Vida do Outro Lado

Eckhart Tolle
– O Poder do Agora

Shakti Gawain
– A Visualização Criativa Pode Mudar a Sua Vida

Osho
– O Livro da Transformação
– Aprendendo a Silenciar a Mente

James Van Praagh
– O Despertar da Intuição
– Conversando com os Espíritos
– Em Busca da Espiritualidade

Brian Weiss
– Meditando com Brian Weiss
– Muitas Vidas, Muitos Mestres
– Só o Amor É Real

Leonardo Boff
– Espiritualidade
– A Oração de São Francisco

INFORMAÇÕES SOBRE OS PRÓXIMOS LANÇAMENTOS

Para receber informações sobre os próximos lançamentos da EDITORA SEXTANTE, queira entrar em contato com nossa Central de Atendimento, dando seu nome, endereço e telefone para:

EDITORA SEXTANTE
Rua Voluntários da Pátria, 45 – Gr. 1.404 – Botafogo
22270-000 – Rio de Janeiro – RJ
Tel.: (21) 2286-9944 – Fax: (21) 2286-9244
DDG: 0800-22-6306 (ligação gratuita)
E-mail: atendimento@esextante.com.br

Para saber mais sobre nossos títulos e autores, e enviar seus comentários sobre este livro, visite o nosso site: www.sextante.com.br

PAPEL

CHAMOIS-BULK alta performance alcalino

Impresso em papel Chamois Bulk Alta Performace Dunas 90g/m² da Ripasa S/A, fabricado em harmonia com o meio ambiente.